Les Éditions du Boréal
4447, rue Saint-Denis
Montréal (Québec) H2J 2L2
www.editionsboreal.qc.ca

QUEL CANADA
POUR LES AUTOCHTONES?

DU MÊME AUTEUR

La Question indienne au Canada, Boréal, coll. « Boréal express », n° 4, 1991.

Tribus, Peuples et Nations. Les nouveaux enjeux des revendications autochtones au Canada, Boréal, 1997.

Le Statut juridique des peuples autochtones en droit canadien, Carswell, 1999.

Renée Dupuis

QUEL CANADA POUR LES AUTOCHTONES?

La fin de l'exclusion

Boréal

Les Éditions du Boréal remercient le Conseil des Arts du Canada ainsi que le ministère du Patrimoine canadien et la SODEC pour leur soutien financier.

Les Éditions du Boréal bénéficient également du Programme de crédit d'impôt pour l'édition de livres du gouvernement du Québec.

Couverture : Glenna Matoush, *Feast for Mykesa* (détail), 1999. Terres en vues.

Diffusion au Canada : Dimedia
Diffusion et distribution en Europe : Les Éditions du Seuil

Données de catalogage avant publication (Canada)

Dupuis, Renée

Quel Canada pour les Autochtones ? La fin de l'exclusion
Comprend des réf. bibliogr.

ISBN 2-7646-0115-8

1. Indiens d'Amérique – Canada – Relations avec l'État – 1951- . 2. Indiens d'Amérique, Attitudes envers les – Canada. 3. Indiens d'Amérique – Canada – Conditions sociales. 4. Indiens d'Amérique – Intégration – Canada. I. Titre.

E92.D872   2001   323.1'197071   C2001-940556-1

Je rêve en chamicuro mais je ne peux raconter mes rêves à personne. On ne peut exprimer certaines choses en espagnol.

NATALIA SANGAMA

Certains crachent leur plus belle huile
Dans des planètes de plastique

PIERRE MORENCY

Introduction

Le discours contemporain des Autochtones au Canada est de plus en plus perçu par le reste de la population comme un rejet de la société. Ce discours est sans contredit très critique face au régime qu'on a imposé aux Autochtones jusqu'ici. En fait, les Autochtones réaffirment leur refus séculaire d'être dirigés de l'extérieur et d'être maintenus à la marge. Aujourd'hui, l'opinion publique est probablement étonnée de constater l'écart entre le regard que pose, en général, le citoyen canadien et celui des Autochtones sur la société canadienne. Cette divergence est fondée sur des conditions de vie radicalement différentes et, il faut bien le dire, désavantageuses à plusieurs points de vue pour les Autochtones. D'une part, les citoyens canadiens, confortés par la bonne image du Canada sur le plan international, considèrent que leurs conditions de vie ne trouvent à peu près pas d'équivalent ailleurs dans le monde. D'autre part, les Autochtones, affermis par une préoccupation internationale grandissante quant au sort réservé aux Autochtones dans toutes les régions du monde, estiment que leurs propres conditions de vie ne leur fournissent aucune raison de se réjouir, loin de là.

La rencontre de ces deux perceptions opposées est, en grande partie, à l'origine du malaise actuel. Tant que la position des Autochtones ne trouvait pas de voix pour se faire entendre, elle s'est exprimée en vase clos. Ces perceptions opposées se sont développées en parallèle dans des mondes cloisonnés, tant et si bien que la population en général vient à peine de se rendre compte de l'écart existant entre les conditions de vie des Autochtones et celles du reste de la population, et du fait que cet écart s'était accru au cours des dernières années. C'est pourquoi la dénonciation par les Autochtones de la situation présente, et plus encore la radicalisation de leur discours, a suscité l'incrédulité, l'incompréhension et la frustration. Les opinions et les jugements lapidaires émis de part et d'autre sont l'expression de cet état de fait. Il n'est donc pas surprenant de constater, en ce début du XXIe siècle, qu'on se trouve devant un mur d'ignorance et d'incompréhension mutuelles dès qu'on aborde les questions autochtones.

Ces attitudes ne contribuent en rien à améliorer la situation, on s'en doute. Au contraire, elles encouragent le durcissement des positions respectives, lequel est susceptible de dégénérer en troubles sociaux et politiques si rien n'est fait pour le désamorcer. Des conflits comme ceux qui sont survenus à Kanesatake-Oka, au Québec, et à Gustafsen Lake, en Colombie-Britannique, en 1990, à Ipperwash, en Ontario, en 1992, et à Burnt Church, au Nouveau-Brunswick, en 1999 et 2000, sont des exemples tragiques de la détérioration récente des relations entre les Autochtones et le reste de la société. Cela ne peut manquer de nous interpeller, que nous soyons autochtones ou non. Il est illusoire de croire que l'incompréhension se résorbera avec le seul passage du temps, si l'on ne fait pas d'efforts pour augmenter la connaissance et la conscience de l'ensemble de la population sur cette réalité.

Des questions de plus en plus nombreuses me sont posées sur les raisons du malaise social actuel, dont plusieurs comportent toujours l'espoir qu'il disparaîtra de lui-même. Par contre, une certaine conscience du fait que nous ne pourrons pas négliger indéfiniment cette réalité se fait jour. Ce livre entend donner des points de repère qui permettront au lecteur de mieux comprendre la situation actuelle et de déterminer des éléments qu'il faudrait considérer non seulement pour désenclaver les Autochtones, mais aussi pour donner une impulsion aux discussions et aux négociations qui doivent se tenir avec eux. Ce propos apporte mon éclairage particulier, il n'est pas celui des Autochtones, avec lesquels j'ai travaillé depuis vingt-cinq ans. Tout en étant enrichie par la connaissance que le travail avec eux m'a permis d'acquérir, l'analyse rend compte de positions que les Autochtones ont exprimées, souvent publiquement, mais qui n'ont pas nécessairement été répercutées ailleurs que dans des cercles restreints.

Les Autochtones ont été assujettis et marginalisés par les gouvernements successifs au Canada, et ils le sont toujours. La médiatisation croissante des problèmes des Autochtones nous place devant cette situation de même que devant leur frustration. À cause des moyens très efficaces dont les médias disposent aujourd'hui et de leur grande pénétration dans les foyers, cette médiatisation a au moins un effet positif dans ce cas-ci: il devient très difficile, en effet, de prétendre ne pas être informés de ces problèmes, même si l'information est déficiente quant à leurs causes et à leurs origines.

On a attribué une place particulière aux Autochtones dans la société canadienne, qui était en fait une place au second rang. Ce second rang a pris toutes sortes de formes, dont nous examinerons quelques aspects. Les Autochtones ont toujours contesté cet état de choses et ils le font avec de plus en plus de véhémence. Leurs revendications et leurs griefs, qui sont nombreux, ne sont pas sans conséquences pour l'avenir de la société canadienne. Nous verrons qu'ils nous convient à effectuer un changement politique radical tout en réclamant un dédommagement pour les torts que leur a causés leur assujettissement. Déplorable à plusieurs points de vue, la condition socioéconomique des Autochtones nous amènera à constater l'ampleur de la désorganisation sociale engendrée par le système qu'on a mis en place. Les indicateurs récents expriment cette situation clairement.

La société doit reconnaître sa responsabilité face au traitement qu'elle a réservé aux Autochtones. Elle doit, de même, prendre en considération ce qu'ils veulent devenir collectivement. Cela suppose un changement complet de perspective dans nos rapports avec les Autochtones. Certaines avenues permettent d'opérer cette réorientation, laquelle nous apparaît comme essentielle à ce moment-ci. Nous verrons également qu'un des effets du phénomène de la mondialisation est d'avoir créé un espace de réflexion et d'action sur le plan international, tant dans les États que chez les Autochtones. Ces questions sont donc désormais posées à l'échelle mondiale. Cela a forcément des répercussions sur la façon dont on doit maintenant aborder ces questions. On ne peut plus les envisager uniquement comme des questions propres au Québec, comme on l'a fait avec la crise de Kanesatake-Oka, en 1990. De la même manière, on ne peut plus les aborder strictement comme des questions nationales et internes : non seulement les Autochtones du Canada se chargent de les répercuter sur la scène internationale, mais les initiatives prises par un État à l'endroit des Autochtones deviennent des objectifs à atteindre pour les Autochtones des autres États.

Par ailleurs, il nous semble clair que les Autochtones ont la responsabilité d'élaborer leurs objectifs et de travailler avec la société tout entière à les réaliser. Ils ne pourront pas y parvenir sans le concours de l'ensemble de la population. Ce mouvement devra donc être parallèle, chacune des parties accomplissant les tâches qui lui reviennent. Mais ces tâches parallèles doivent converger vers une entreprise commune si l'on veut rétrécir le fossé qui continue de se creuser, faute d'initiatives significatives dans ce sens. Dans ce contexte, il ne sera facile pour personne de résister à la polarisation des débats.

De ce point de vue, une certaine évolution s'est faite dans l'opinion publique, qui se traduit par un plus grand nombre de questions substantielles posées sur la nature des problèmes liés aux relations avec les Autochtones, dont les médias traitent d'ailleurs de plus en plus souvent dans l'actualité. Une attitude plus réaliste semble se manifester face à la complexité de ces questions, comme si l'on saisissait mieux que la caricature ne règle rien et peut au contraire contribuer à détériorer la situation générale. Une conscience émerge quant à la nécessité de comprendre ce qui a pu amener la société là où l'ont conduite les conflits avec les Autochtones, qui surviennent partout au Canada depuis quelques décennies. Ce premier pas vers l'élaboration de relations fondamentalement différentes de celles qui ont prévalu jusqu'ici s'avère déterminant.

CHAPITRE 1

Pourquoi les Autochtones ne se sentent pas partie prenante de la société

Les gouvernements successifs ont adopté un ensemble de mesures qui ont contribué à marginaliser les Autochtones. Il n'est pas inutile de rappeler certains propos des autorités fédérales, formulés dans les années 60, qui affirment sans détour cet état de fait. Par exemple, dans l'énoncé qu'il faisait de la nouvelle politique indienne préconisée par le gouvernement fédéral en 1969, le ministre responsable des Affaires indiennes, Jean Chrétien, estimait que les relations spéciales instaurées entre la société canadienne et les Indiens depuis l'établissement des premiers Européens avaient fait des collectivités indiennes « un groupe désavantagé et à part[1] ». Déjà à cette époque, celui qui est par la suite devenu premier ministre du Canada, demandait si un élément important de la population canadienne allait participer, à part entière, au bien-être général ou si les disparités sociales et économiques, qui étaient importantes dans les années 60, iraient en s'accentuant. Il reconnaissait d'ailleurs du même souffle que cette dernière hypothèse entraînerait un plus grand « sentiment de frustration et d'isolement des Indiens mettant en danger l'équilibre de la société tout entière[2] ». Comment pourrait-on aujourd'hui ne pas être d'accord avec l'actuel premier ministre canadien, quand il affirmait, il y a plus de trente ans, que les politiques adoptées ont fait de l'Indien « un être à part, distinct

---

1. *La politique indienne du gouvernement du Canada*, 1969, présentée à la première session du 28e Parlement par l'honorable Jean Chrétien, ministre des Affaires indiennes et du Nord canadien, p. 3.

2. *Ibid.*, p. 6.

des autres Canadiens et en retard sur eux[3] ? » Ce n'est pas un hasard si le premier ministre du Canada a déclaré que les problèmes des Autochtones constitueraient une des principales préoccupations de son troisième mandat, après sa victoire électorale de l'automne 2000.

La marginalisation sociale et politique des Autochtones

On mesure mieux aujourd'hui comment ces relations spéciales entre la société canadienne et les Autochtones ont contribué à la marginalisation de ces derniers, particulièrement des Indiens. On a pris les terres qu'ils occupaient pour qu'elles servent à la colonisation et au développement, leur retirant alors les bénéfices de l'exploitation des ressources qu'elles recelaient, ce qui a eu pour effet de restreindre considérablement leur indépendance économique. Peu importent les motivations qui sont à l'origine d'une telle politique, il semble que le développement historique et contemporain du Canada soit fondé sur une conception selon laquelle les Autochtones constituent en fait un obstacle à écarter sur le chemin du développement et de l'exploitation des ressources du territoire.

Prise dans le but de civiliser les Autochtones avant de les intégrer à la société, la décision de créer des réserves a eu pour effet de les isoler. Leur identité culturelle propre, différente de celle des Européens et des Canadiens, a été affermie par leur isolement. En effet, la sédentarisation forcée dans les réserves leur a permis de maintenir et de développer leurs traits particuliers. On a établi des conditions en vue de marquer les différences entre eux et les autres Canadiens.

La supériorité affichée des cultures européennes a conduit à vouloir assimiler les Autochtones, mais on a choisi des moyens qui ont permis à leur culture de survivre, voire de continuer à se développer. Paradoxalement, la volonté affirmée de les assimiler s'est traduite par la mise en place de moyens qui ont fait en sorte que la perception par les Autochtones de leur identité propre s'est accrue.

---

3. *Ibid.*, p. 5.

Le remplacement de leurs autorités traditionnelles a accéléré la déstabilisation des communautés autochtones. Leur subordination à l'autorité des gouvernements les a dépouillés de la responsabilité de leur présent et de leur avenir, en les rendant dépendants des actions et des subsides gouvernementaux. Alors que la sédentarisation et les déplacements des populations autochtones ont souvent été présentés comme une façon d'améliorer leurs conditions de vie, on les a maintenus, une fois sédentarisés, dans des conditions matérielles que les autres citoyens n'auraient pas acceptées.

En privant les Autochtones du droit de vote jusqu'en 1960 au niveau fédéral et plus tard dans certaines provinces comme le Québec, non seulement on les a privés d'un droit fondamental, mais on a également accentué la perception selon laquelle le statut d'Indien était un statut inférieur au sein de la démocratie canadienne. Durant toute cette période, on leur a imposé des lois adoptées sans qu'ils aient pu se faire entendre directement comme députés ni être représentés par des députés qu'ils auraient pu contribuer à faire élire. N'ayant pas été des citoyens à part entière dans la société, les Indiens n'ont pu bénéficier de l'égalité quant au statut et aux services. Il en a découlé une incompréhension grandissante entre les Autochtones et le reste de la société, qui a entraîné beaucoup de frustration de part et d'autre : la mise à l'écart des Autochtones est vue par bien des gens comme un état de privilèges alors que les Autochtones se considèrent souvent comme des victimes sans avenir.

Par ailleurs, la réticence à reconnaître la contribution des Autochtones au développement du Canada d'hier et d'aujourd'hui soulève plusieurs questions. Il est remarquable de constater que tarde à s'amorcer la relecture de l'histoire réclamée par les Autochtones. Certains Autochtones demandent en effet que soit écrite une autohistoire amérindienne en réaction à l'histoire officielle, qui reflète la conception selon laquelle les peuples autochtones seraient voués à l'extinction au contact de peuples plus avancés, soit les peuples dont l'évolution a été fondée sur le développement technologique. On y reviendra au chapitre 3.

De même, les gouvernements du Canada ont résisté jusqu'ici à reconnaître leur responsabilité dans les torts causés aux Autochtones. Cette résistance traduit un sentiment pas toujours clairement exprimé mais néanmoins répandu dans la population canadienne. On invoque la prudence nécessaire dans une telle situation, puisque le fait de reconnaître sa responsabilité entraîne le dédommagement des victimes pour les préjudices occasionnés, et il est vrai que la prudence est de mise dans ce cas-ci, comme elle l'est dans d'autres cas qui engagent la responsabilité de l'État. On sait toutefois que l'État canadien a reconnu sa responsabilité et indemnisé divers groupes ayant vécu des situations complexes, notamment au cours du dernier tiers du xxe siècle, ce qui représentait également pour lui des risques sur le plan juridique. Qu'on pense seulement à l'indemnisation des citoyens d'origine japonaise internés au Canada durant la Seconde Guerre mondiale et des citoyens victimes de transfusions de sang contaminé. Cette attitude tend à renforcer l'impression que le statut d'Autochtone et les problèmes qui ont pu en découler sont de moindre importance. Elle est de nature à cautionner l'opinion selon laquelle la résolution des problèmes autochtones appelle des mesures de correction moindres qu'une autre catégorie de dommages jugés de plus grande valeur. Pour les Autochtones, la position du Canada est d'autant plus difficile à accepter que le gouvernement de la Suède, par exemple, a reconnu les torts qui ont été causés aux Samis de ce pays et s'est excusé formellement auprès de ces derniers, en 1999.

La désorganisation sociale des Autochtones

On ne compte plus les rapports qui ont indiqué que les conditions de vie des Autochtones au Canada sont nettement moins bonnes que celles du reste des Canadiens, et ce, peu importe la province ou le territoire où ils résident. Dans certains cas, on peut dire que leurs conditions de vie sont tellement éloignées de ce qu'on observe dans une ville du Québec ou dans un village du Manitoba qu'il est difficile de croire qu'on se trouve toujours dans le pays riche qu'est le Canada. C'est ce qui s'appelle le tiers-monde du Canada. Non seulement les conditions de vie des Autochtones sont souvent en deçà de la norme du confort et du bien-être au Canada, mais les statistiques décrivant les conditions socioéconomiques des

Autochtones indiquent à quel point plusieurs problèmes sont devenus endémiques chez eux. Elles traduisent également une désorganisation sociale inquiétante. De plus, si on observe une certaine
amélioration, c'est surtout dans les domaines reliés aux infrastructures. Il est indéniable que de meilleurs équipements collectifs et des
habitations adéquates auront une influence majeure sur les conditions de vie des Autochtones. Le rattrapage à faire est tellement
grand à ce chapitre qu'il nécessite des investissements énormes. Toutefois, la mise à jour de ces équipements suivant les normes du
XXIe siècle n'est pas garante de l'amélioration du reste des indicateurs socioéconomiques, ce que les statistiques démontrent bien.

À plusieurs points de vue, les autres indicateurs socioéconomiques révèlent des retards et des déficits qui n'ont pas tendance
à se résorber rapidement chez les Autochtones, du moins chez les
Indiens vivant dans des réserves et chez les Inuits vivant dans des
villages nordiques. L'amélioration de ces aspects de la vie des
Autochtones suppose un travail considérable chez ces populations,
notamment dans les domaines de l'éducation, de la santé et des services sociaux. Ce type de travail, qui ne peut produire de résultats
spectaculaires à court terme, requiert un engagement majeur des
populations quant à la prise en charge de leurs problèmes de même
qu'à l'élaboration et à l'application de solutions adaptées à leurs
besoins. Cela représente un défi de taille non seulement pour les
Autochtones mais pour l'ensemble de la population canadienne.

Les mauvaises conditions de vie des Autochtones ont des effets
directs sur eux-mêmes et sur la société canadienne. D'une part, des
problèmes d'une telle ampleur ne peuvent manquer d'avoir des
répercussions sur la perception des Autochtones en ce qui conserne
leur avenir. Ce n'est pas un hasard si ceux-ci présentent tant de
signes d'inquiétude et de désespoir face à ce que l'avenir leur
réserve. Toutes les générations partagent cette inquiétude. D'autre
part, cette situation a des répercussions sur la société canadienne.
En effet, aucune société n'a intérêt à laisser se creuser entre ses
citoyens un fossé d'une telle importance, fossé créé par l'incompréhension, par les disparités importantes touchant le statut et les
conditions de vie, par le traitement discriminatoire dont sont l'objet les Autochtones. L'exacerbation des frustrations chez les uns et

les autres risque d'engendrer des conflits qui seront d'autant plus difficiles à résoudre qu'ils seront le résultat d'une situation qui s'est détériorée depuis longtemps. La société canadienne a évité jusqu'ici que de tels conflits ne se généralisent, mais elle n'est pas plus à l'abri que toute autre société de troubles de cet ordre.

Il va sans dire que la réputation du Canada en tant que pays respectueux des droits de la personne souffrira beaucoup de la pérennité d'une situation aussi manifestement déplorable.

Tous les rapports statistiques soulèvent la difficulté de mesurer avec exactitude les éléments qui permettraient de cerner le niveau de bien-être chez les Autochtones à partir des modèles utilisés pour mesurer cet état dans la population en général. Par exemple, Statistique Canada n'inclut pas les données recueillies dans les petites communautés parce que cela compromettrait la confidentialité des informations colligées. En outre, plusieurs bandes indiennes ne remplissent pas les formulaires de recensement. Par ailleurs, le ministère des Affaires indiennes et du Nord canadien et Statistique Canada utilisent des critères différents pour recenser les populations autochtones, ce qui rend difficile toute comparaison entre les statistiques de ces deux organismes. Le ministère des Affaires indiennes et du Nord canadien, qui est responsable des Indiens et des Inuits, compile des statistiques selon des critères législatifs qui définissent le statut d'Indien et selon ses critères administratifs, comme le fait pour les Indiens de vivre en dehors ou à l'intérieur d'une réserve. Plusieurs données statistiques du Ministère sont compilées suivant cette dernière distinction, ce qui rend peu aisé l'établissement d'un portrait de l'ensemble de la population indienne ou la comparaison entre la population indienne et la population inuit. De son côté, Statistique Canada compile ses propres données sur la base des données recueillies par la déclaration volontaire des personnes qui se considèrent comme autochtones, peu importe si elles répondent aux critères législatifs.

Il ne faut donc pas perdre de vue ces contraintes lors de l'interprétation des résultats des analyses statistiques. Les résultats obtenus ne peuvent donc pas être généralisés facilement à l'ensemble des réserves indiennes. Les modèles utilisés qui sont fondés sur le calcul du revenu ne tiennent pas compte de l'apport fourni dans les réserves indiennes par les activités de chasse et de pêche de subsistance. De plus, il n'y a pas nécessairement de consensus sur la définition du concept de pauvreté, qui renvoie habituellement aux ressources disponibles pour atteindre un niveau de vie suffisant. La détermination de ce qui est suffisant, comme étant la capacité de répondre aux besoins de base, ne donne pas non plus d'indice de ce qui constitue un besoin de base. Ces difficultés méthodologiques ne peuvent masquer un constat troublant depuis plusieurs années : tous les indicateurs socioéconomiques révèlent une situation nettement défavorable chez les Autochtones quand on les compare aux données portant sur l'ensemble de la population du Canada.

Dans son rapport, le Comité spécial de la Chambre des communes sur l'autonomie politique des Indiens au Canada notait, en 1983, que le contrôle gouvernemental, instauré il y a plus de cent ans, avait fait passer les peuples autochtones « de la liberté et de l'indépendance à un état de dépendance et de désorganisation sociale[4] ». Son jugement se fondait sur un ensemble de données socioéconomiques qui démontrait l'ampleur de la « dégradation sociale » chez les Indiens, illustrée par les quelques exemples suivants. Le revenu moyen des Indiens se situait alors entre 50 % et 75 % du revenu moyen national. Les Indiens se suicidaient trois fois plus que l'ensemble des Canadiens, parmi lesquels six fois plus de jeunes Indiens de 15 à 24 ans que de jeunes Canadiens. Le taux de mortalité infantile était alors de 60 % plus élevé que le taux moyen de l'ensemble de la population canadienne. L'espérance de vie était de 10 ans moindre chez les Indiens ; elle était, par exemple, de 66 ans chez les femmes indiennes alors qu'elle était de 76 ans chez les autres femmes canadiennes.

Dix ans plus tard, les statistiques officielles concernant les revenus indiquaient que presque la moitié des familles indiennes vivant dans des réserves se situaient au-dessous du seuil de pauvreté, un taux trois fois supérieur à celui de l'ensemble de la population canadienne. On trouvait le taux le plus faible de familles autochtones vivant au-dessous du seuil de pauvreté au Québec (une famille sur

---

4. *L'autonomie politique des Indiens du Canada*, rapport du Comité spécial, Ottawa, Chambre des communes du Canada, Première Session de la 32ᵉ législature, 1980, 1981, 1982, 1983, p. 14.

trois), lequel représentait néanmoins presque le double du nombre de familles québécoises vivant sous le seuil de pauvreté. On trouvait le taux le plus élevé en Nouvelle-Écosse (deux familles autochtones sur trois), soit un taux de pauvreté quatre fois plus élevé que celui des autres familles de cette province. Il est à noter que les Indiens vivant dans des réserves relèvent des autorités fédérales. Il ne faut donc pas en conclure que ces statistiques sont le résultat de politiques provinciales dont l'efficacité serait plus ou moins grande. Ce n'est pas le cas. De même, il faut se garder de déduire que les gouvernements provinciaux ont quelque mérite dans les cas où la situation est meilleure ou quelque responsabilité dans ceux où la situation est pire. Un fait demeure : dans toutes les parties du Canada, les taux de pauvreté chez les Autochtones sont élevés. De plus, quoique la situation varie beaucoup d'une réserve à l'autre, la pauvreté était très répandue dans un grand nombre de réserves indiennes, puisqu'une famille sur deux vivait dans la pauvreté dans environ les deux tiers des réserves indiennes au début des années 90.

Dans le rapport spécial consacré au problème aigu posé par le suicide chez les Autochtones, la Commission royale sur les peuples autochtones a souligné, en 1994, que les rapports antérieurs traitant de cette question démontrent qu'un nombre anormalement élevé d'Autochtones mettent fin à leurs jours. Selon la commission, la question complexe du suicide chez les Autochtones comporte un volet individuel indéniable, ce geste traduisant le désespoir d'une personne. Mais il comporte également une composante collective, car un taux de suicide aussi élevé a des répercussions sur l'ensemble de la communauté dont ces personnes sont issues.

Ce rapport spécial reprend le témoignage des Innus-Montagnais de Mingan, sur la Basse-Côte-Nord du Québec, livré par le chef de la communauté, Jean-Charles Pietacho, lors d'audiences publiques tenues par la commission royale à Montréal, en 1993. Dans ce témoignage percutant, le chef Pietacho trace un portrait sombre de la réalité du « désespoir collectif ou [du] manque d'espoir collectif » et de ses diverses manifestations dans les communautés comme la sienne. Selon lui :

[l]e désespoir collectif ou le manque d'espoir collectif les mènera vers un suicide collectif. Ce genre de suicide peut prendre plusieurs formes et plusieurs indices peuvent en être précurseurs : la crise d'identité, la perte de fierté, la dépendance dans tous ses sens, le reniement de nos coutumes et de nos traditions, la dégradation de notre environnement, l'affaiblissement de notre langue, la défection dans notre lutte pour nos droits ancestraux, notre autonomie et notre culture, l'acceptation insouciante de la violence, la constatation passive du chômage, la corruption de nos mœurs, la tolérance des drogues et du désœuvrement, la capitulation des parents face à leurs responsabilités, le non-respect des aînés, l'envie portée à ceux qui tentent de relever la tête, et qui pourraient réussir, etc.[5]

Ce sont probablement des témoignages comme celui-ci qui ont amené la commission à dire que l'étendue du phénomène du suicide chez les Autochtones provient du sentiment qu'ont les Autochtones d'être exclus de la richesse collective du pays, de la « marginalisation » qu'ils ont à subir et du « racisme institutionnel » à leur endroit[6]. La commission a d'ailleurs recommandé un vaste plan d'action sur cette question.

Dans sa réponse aux recommandations de la Commission royale sur les peuples autochtones, le gouvernement fédéral reconnaissait, en 1998, que les indicateurs socioéconomique révélaient toujours le retard des Autochtones par rapport à l'ensemble de la population canadienne. La situation est d'autant plus préoccupante que la croissance démographique des Autochtones est la plus rapide au Canada et qu'environ 60 % des Indiens vivant dans des réserves et des Inuits ont moins de 25 ans. Alors que la cohorte des personnes âgées de plus de 65 ans augmente dans la population en général, sa proportion diminue dans les populations autochtones. La pyramide des différents groupes d'âge des populations indiennes et inuits diffère donc sensiblement de celle du reste de la population canadienne. Les tendances démographiques ont des conséquences

---

5. *Choisir la vie. Un rapport spécial sur le suicide chez les Autochtones*, Commission royale sur les peuples autochtones, Ottawa, Ministère des Approvisionnements et Services Canada, 1995, p. 45.
6. *Ibid.*, p. 47.

directes pour l'évolution de la demande de biens et de services dans la population en général. La demande de services s'orientera largement vers les personnes âgées compte tenu de l'importance grandissante de ce groupe dans la population non autochtone. Par contre, dans les populations autochtones, les services devront être axés sur l'éducation, sur la formation et sur le développement de l'emploi d'une population active jeune en pleine croissance.

Des chiffres éloquents

Les statistiques du dernier recensement fédéral effectué en 1996 indiquent une population inuit totale de 42 000 personnes vivant dans les régions nordiques du Canada, de même qu'une population de 610 784 Indiens (ayant officiellement ce statut) vivant ou non dans une réserve. Même si le taux de croissance de ces deux populations continue de baisser, il demeure nettement plus élevé que celui de l'ensemble de la population canadienne. En effet, le taux de croissance de la population indienne a diminué de 5,7 % en 1991 à 3,6 en 1996, alors que celui de l'ensemble de la population est passé de 1,4 % à 1,3 % durant la même période.

La population indienne est en fait passée de 337 000 à 403 000 Indiens inscrits de 1981 à 1986, soit un accroissement de 20 %, pendant que la population canadienne augmentait de 4 % durant ces 5 ans. Il faut dire qu'une partie de cet accroissement est due au fait que certains Indiens ont recouvré leur statut en 1985, après l'avoir perdu durant plusieurs années, principalement à cause de la Loi sur les Indiens qui comportait une clause discriminatoire à l'endroit des femmes indiennes. Avant 1985, une femme indienne qui épousait un non-Indien perdait son statut et ne pouvait donc le transmettre à ses enfants, alors que son frère indien qui épousait une non-Indienne, non seulement ne perdait pas son statut, mais il le transmettait à son épouse et à ses enfants. Cette réintégration aura donc des effets durant un certain nombre d'années, d'autant plus que les statistiques officielles indiquent que, déjà en 1986, soit un an après que la loi a été modifiée, 18 000 personnes ont été ajoutées au registre des Indiens.

Selon un scénario de croissance moyenne, la population indienne (vivant ou non dans une réserve) pourrait atteindre 721 000 personnes en 2011, et selon un scénario de croissance forte (ce qui s'est passé en réalité jusqu'ici), elle pourrait atteindre 764 000 personnes cette année-là. D'autres scénarios de croissance démographique prévoient que la population indienne atteindra 822 200 personnes en 2010. La population de 610 784 personnes établie pour l'année 1996 dépasse même le premier scénario de croissance forte, qui prévoyait que cette population atteindrait 580 300 personnes en 1996 et se situe plus près des projections du second scénario qui prévoyait qu'elle serait de 602 700 personnes en 1995. Selon toute probabilité, l'accroissement de la population continuera de suivre un modèle de croissance forte pour un certain nombre d'années. Le tableau 1 représente une estimation de l'accroissement démographique des Indiens selon un scénario de croissance forte, élaboré à partir des données réelles de la population depuis 1985.

Tableau 1
Population indienne inscrite estimée, dans les réserves et hors des réserves, Canada, 1986-2010 (projections)

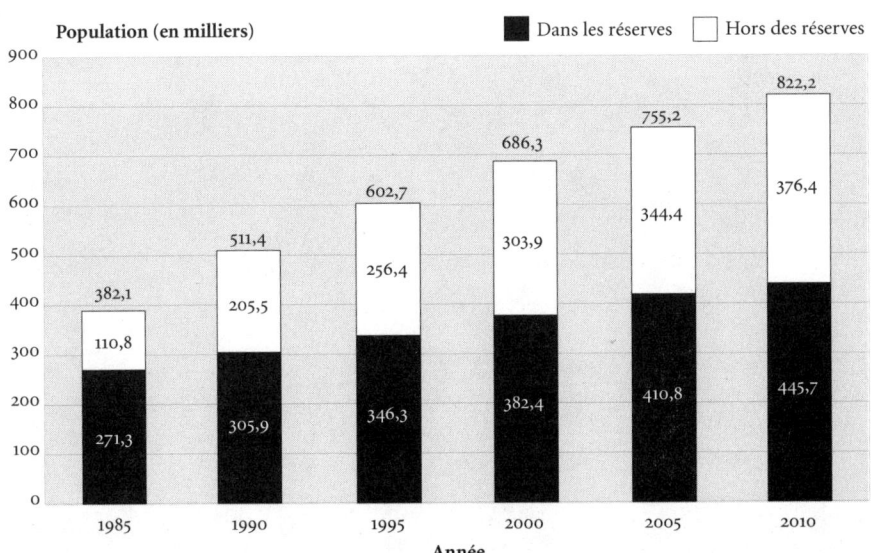

Source: D'après les estimations de Nault et collaborateurs (1993). Estimations ajustées pour tenir compte de la déclaration tardive.

Tiré de *Conséquences possibles de l'évolution démographique des Premières Nations*, rapport final, 5 août 1997, Four Directions Consulting Group pour la Direction de l'analyse et de la recherche, Ministère des Affaires indiennes et du Nord canadien.

De plus, même si le taux de fécondité a beaucoup diminué chez les Autochtones entre 1908 et 1995, les familles indiennes, par exemple, comptaient en 1996, en moyenne 2 enfants comparativement à 1,2 enfant pour l'ensemble de la population canadienne. Autant chez les Indiens que chez les Inuits, l'accroissement du nombre de personnes en âge de procréer a compensé largement la baisse du taux de fécondité et contribué à l'augmentation du nombre de naissances dans cette population.

Quant à la structure des familles, la majorité d'entre elles ont deux conjoints à leur tête tant chez les Autochtones que dans le reste de la population canadienne, comme le montre le tableau 2. Par contre, la proportion de familles monoparentales est plus élevée chez les Indiens (23 %) et chez les Inuits (20 %) que dans le reste de la population (13 %). Les familles monoparentales indiennes (près d'une famille sur quatre) dont le parent est une femme sont deux fois plus nombreuses que dans le reste de la population.

Tableau 2

Structure de la famille, 1991 et 1986

Année de recensement	Structure de la famille	Autochtones	Indiens inscrits vivant dans des réserves	Indiens inscrits vivant hors des réserves	Inuits	Métis	Non-Autochtones
1991	Époux-épouse	81,9	77,2	73,4	81,1	74,6	87,3
	Père seul	2,4	5,6	2,4	4,0	3,7	2,2
	Mère seule	15,7	17,2	24,1	15,9	21,7	10,5
	Total	100,0	100,0	100,0	100,0	100,0	100,0
1986	Époux-épouse	80,7	75,6	70,1	81,0	-	87,5
	Père seul	2,9	6,6	2,4	5,1	-	2,2
	Mère seule	16,4	17,8	27,5	13,8	-	10,2
	Total	100,0	100,0	100,0	100,0	100,0	100,0

Source: Ministère des Affaires indiennes et du Nord canadien, tableaux personnalisés du recensement, 1991 et 1986.
Nota: La somme des pourcentages peut ne pas donner « 100 » à cause de l'arrondissement.

Tiré de *Analyse des conditions socioéconomiques de 1991 et de 1986*, Ministère des Affaires indiennes et du Nord canadien, Ottawa, 1995.

Quoique l'espérance de vie des femmes indiennes soit passée de 66 ans dans les années 80 à 75 ans en 1996, elle est demeurée nettement en deçà de celle de l'ensemble des Canadiennes, chez qui elle s'est accrue de 76 à 81 ans durant la même période. L'écart s'est cependant réduit, puisque le retard des femmes indiennes n'est plus que de cinq ans par rapport à l'ensemble des Canadiennes. Quant à l'espérance de vie des hommes, qui est passée de 66 à 68 ans chez les Indiens entre 1991 et 1996, elle est également nettement moindre que celle de l'ensemble des Canadiens, chez qui elle est passée de 74 à 75 ans durant cette période. Les hommes indiens ont une espérance de vie inférieure de sept ans à celle des hommes canadiens en général, ce qui en fait le groupe qui a l'espérance de vie la plus courte parmi tous les citoyens canadiens.

Un indice supplémentaire des mauvaises conditions de santé chez les Indiens est le taux de tuberculose, lequel reflète les conditions matérielles de vie. Ce taux a toujours été élevé chez les Autochtones, alors que le Canada a réussi à enrayer la tuberculose dans la population en général. Même s'il a diminué depuis quelques années, il reste que le taux de tuberculose chez les Indiens vivant dans des réserves demeure six fois plus élevé que celui de l'ensemble de la population, comme l'indique le tableau 3 (page suivante).

Les Autochtones connaissent également un retard en matière de scolarisation. Les statistiques démontrent une légère augmentation de la fréquentation scolaire et du taux de diplômes obtenus, mais il n'en demeure pas moins que cela ne leur permet pas de rattraper la moyenne nationale. En 1996, deux fois plus de Canadiens (14 %) que d'Indiens (7 %) détenaient un diplôme d'études postsecondaires. Comme l'indique le tableau 4 (page 29), le nombre d'Autochtones ayant fait des études postsecondaires (y compris des études universitaires) est environ deux fois moindre que dans le reste de la population. L'écart est encore plus élevé pour ce qui est des études universitaires : 4 fois moins d'Indiens (5,2 %) et 10 fois moins d'Inuits (2,3 %) que de Canadiens (21 %) ont fait des études universitaires. Cela ne suppose pas nécessairement que ces études universitaires aient été achevées ; en 1996, seulement 3 % des Indiens avaient terminé leurs études et obtenu un diplôme, comparativement à 13 % pour l'ensemble de la population canadienne.

Tableau 3
Santé.

	1991			1996		
	Indiens inscrits	Indiens inscrits vivant dans les réserves	Ensemble de la population du Canada	Indiens inscrits	Indiens inscrits vivant dans les réserves	Ensemble de la population du Canada
Espérance de vie Hommes (en années)	66,9	-	74,6	68,2	-	75,7
Femmes (en années)	74,0	-	80,9	75,9	-	81,5
Taux brut de natalité (pour 1 000)	28,4	-	14,3	25,0	-	12,2
Taux brut de mortalité (pour 1 000)	4,3	-	7,0	5,1	-	7,1
Taux de mortalité infantile (pour 1 000)	11,9	-	6,4	11,6	-	6,1
Taux de fecondité total	2,9	-	1,7	2,7	-	1,7
Taux de tuberculose normalisé selon l'âge (pour 100 000)	-	58,1	7,2	-	35,8	6,5

Tiré de *Analyse des conditions socioéconomiques de 1991 et de 1996*, Ministère des Affaires Indiennes et du Nord canadien, Ottawa, 2000.

En ce qui a trait aux revenus, le pourcentage de familles indiennes vivant dans la pauvreté était toujours très élevé, à 40 % en 1995. Même si le nombre de familles pauvres au Canada a augmenté durant les années 90, l'écart entre les familles autochtones et l'ensemble des familles canadiennes continue d'être élevé. Alors que le niveau de revenus augmente chez les Autochtones, le nombre de familles pauvres augmente également. Tant chez les Indiens que chez les Inuits, le nombre de familles ayant comme source principale de revenu les paiements de transferts gouvernementaux a augmenté entre 1986 et 1991. Deux personnes indiennes sur cinq et une personne inuit sur quatre recevaient des paiements de transferts, alors que c'était le cas d'une personne sur six dans le reste de la population, comme l'indique le tableau 5. Les revenus d'emploi demeurent

Tableau 4

Plus haut niveau de scolarité atteint, diplômés et non-diplômés, 1991 et 1986

Année de recensement	Plus haut niveau de scolarité	Autochtones	Indiens inscrits vivant dans des réserves	Indiens inscrits vivant hors des réserves	Inuits	Métis	Non-Autochtones
1991	Moins de 9 années d'études	18,4	37,2	19,4	47,4	24,8	13,8
	Études secondaires	42,8	36,7	44,7	25,6	46,9	38,9
	Études non universitaires	26,5	20,8	24,8	24,7	22,4	26,3
	Études universitaires	12,3	5,2	11,1	2,3	5,9	21,0
	Total	**100,0**	**100,0**	**100,0**	**100,0**	**100,0**	**100,0**
1986	Moins de 9 années d'études	28,2	46,4	26,0	55,5	-	18,5
	Études secondaires	37,4	33,8	40,7	26,0	-	30,9
	Études non universitaires	23,6	14,6	22,7	14,5	-	28,1
	Études universitaires	10,8	4,2	10,6	3,9	-	21,4
	Total	**100,0**	**100,0**	**100,0**	**100,0**	**100,0**	**100,0**

Source : Ministère des Affaires indiennes et du Nord canadien, tableaux personnalisés du recensement, 1991 et 1986.
Nota : La somme des pourcentages peut ne pas donner « 100 » à cause de l'arrondissement.

Tiré de *Analyse des conditions socioéconomiques de 1991 et de 1986*, Ministère des Affaires indiennes et du Nord canadien, Ottawa, 1995.

très bas chez les Indiens vivant dans les réserves (39 %), très loin derrière les Inuits (57 %) et surtout les autres Canadiens (65 %).

Les statistiques sur les revenus se reflètent sur le taux de chômage, qui est deux fois plus élevé dans la population indienne et inuit que dans le reste de la population, dans toutes les catégories de travailleurs sauf dans le cas des diplômés universitaires. Il est même trois fois plus élevé chez les Indiens vivant dans les réserves.

Tableau 5

Composition des revenus, 1991

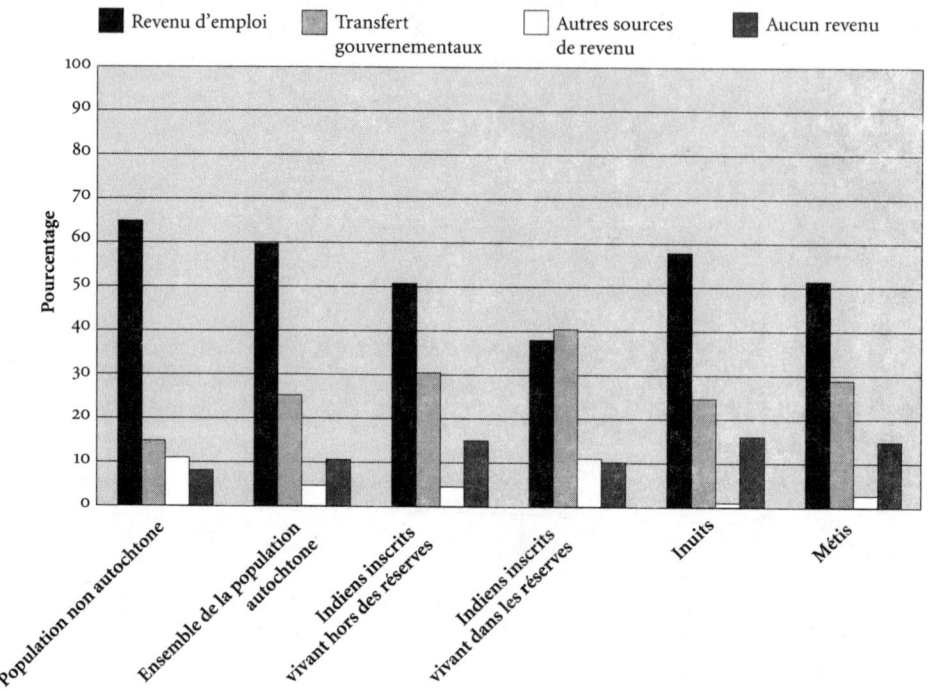

Source : Ministère des Affaires indiennes et du Nord canadien, tableaux personnalisés du recensement,

Tiré de *Faits saillants des conditions des Autochtones, 1986 et 1991. Caractéristiques démographiques, sociales et économiques,* Ministère des Affaires indiennes et du Nord canadien, Ottawa, 1995.

En matière d'habitation, le gouvernement reconnaît que la moitié des logements doivent être rénovés ou remplacés dans les réserves indiennes. En 1995, parmi les 600 réserves indiennes du Canada, 211 systèmes d'approvisionnement en eau potable et 64 systèmes de traitement des eaux usées présentaient des risques sérieux pour la santé des habitants. Et l'on ne compte pas les investissements nécessaires pour compléter les réseaux actuels vu la pression démographique qui s'exerce. Dans les réserves indiennes, les maisons ne disposent pas toutes, à ce jour, d'un service d'approvisionnement en eau potable, malgré une amélioration notable de la situation depuis la fin des années 80. On est ainsi passé d'un taux de 74 % à un taux de 96 % de maisons approvisionnées en eau potable et de 67 % à un taux de 92 % de maisons pourvues d'un système de traitement des eaux usées. La forte croissance démographique créera une pression importante sur les coûts d'infrastructures, si l'on considère qu'entre 1987 et 1996 les dépenses en matière d'infrastructures se sont accrues de près de 50 % dans les réserves indiennes.

Les conditions de vie déplorables des Autochtones sont maintenant évoquées de plus en plus souvent dans certaines instances internationales. Ainsi, le Comité des droits économiques, sociaux et culturels des Nations unies s'est dit très préoccupé par la disparité flagrante entre la situation des Autochtones et celle de la majorité des Canadiens en 1998. Depuis qu'il a ratifié le Pacte international sur les droits économiques, sociaux et culturels, le Canada doit produire à l'intention de l'ONU des rapports périodiques sur la façon dont il assure, ici, la protection des droits prévus dans ce pacte international.

Dans son analyse du dernier rapport produit par le Canada en 1998, le comité de l'ONU fait référence au premier rang occupé par le Canada depuis 1993, au regard de l'indice de développement élaboré par l'ONU, ce qui confirme que les Canadiens ont un niveau de vie élevé et que le Canada a les moyens de tout mettre en œuvre en vue d'assurer la protection des droits économiques, sociaux et culturels garantis par le pacte international. Toutefois, le Canada ne se classe qu'au dixième rang des pays industrialisés selon l'indice de la pauvreté établi par l'ONU, ce qui montre, selon le comité, que le Canada n'assure pas pleinement la protection de ces droits. À cet égard, le comité considère que les Autochtones sont toujours défavorisés sur les plans social et économique, et que la situation ne s'améliore pas. Se fondant sur les données canadiennes, le comité signale la pénurie de logements adéquats et l'absence de systèmes d'approvisionnement en eau potable (25 % des maisons nécessitaient des réparations majeures et ne disposaient pas d'équipements essentiels en 1998) ainsi que le chômage endémique et le haut taux de suicide que connaissent les communautés autochtones, en particulier chez les jeunes.

La médiatisation des événements problématiques impliquant les Autochtones

Beaucoup de protestations des Autochtones contre leur condition sont passées inaperçues durant la majeure partie du xxᵉ siècle. Pourtant, on trouve amplement de traces de telles protestations dans les archives gouvernementales. La marginalisation politique et administrative des Autochtones a son pendant dans la marginalisation sociale et, conséquemment, dans l'impact public négligeable de leurs interventions et de leurs actions, jusqu'à récemment. On peut tracer une ligne de démarcation nette entre l'absence à peu près complète de couverture médiatique des situations concernant les Autochtones avant l'été 1990 et le traitement médiatique de ces questions après cette date, soit plus précisément, avant et après ce qu'on appelé la crise d'Oka.

Ainsi, les événements qui sont survenus en juillet 1990 à Kanesatake-Oka ont surpris à peu près tout le monde au Québec et au Canada. Ces événements suivaient immédiatement le rejet de l'accord du lac Meech, un accord politique qui visait à « réconcilier » le Québec avec le reste du Canada. On semblait avoir oublié que cet accord conclu en 1987 par les premiers ministres fédéral et provinciaux avait été décrié par les Indiens. En effet, la reconnaissance constitutionnelle en 1982 de l'existence de peuples autochtones au Canada et de leurs droits collectifs particuliers a créé de grandes attentes chez les Autochtones.

Les conférences constitutionnelles qui se sont tenues entre 1983 et 1987 devaient servir à définir les droits ancestraux des Autochtones ainsi que leurs droits issus de traités nouvellement reconnus. Or, ces discussions constitutionnelles ne leur ont pas donné l'occasion de faire préciser ces concepts comme ils le voulaient. Leurs attentes premières ayant été déçues, les Autochtones ont été frustrés davantage, en 1987, quand ils ont constaté que le gouvernement fédéral faisait beaucoup d'efforts pour reconnaître le statut particulier du Québec dans la Constitution canadienne et qu'il refusait d'y ajouter des considérations particulières aux Autochtones. Trois ans plus tard, soit à l'échéance du terme pour la ratification de l'accord du lac Meech, en juin 1990, on semblait avoir oublié le fait que cet accord représentait pour les Autochtones une occasion manquée de terminer l'exercice de la définition de leurs droits. C'est dans ce contexte qu'il faut analyser l'opposition d'un député indien de l'Assemblée législative du Manitoba, un des facteurs du rejet de l'accord du lac Meech.

La médiatisation de ce conflit, qui a duré de longues semaines et au cours duquel un policier non indien a été tué, a fait prendre conscience du potentiel explosif que recèlent les revendications des Autochtones. La population en est venue à se demander si les autorités gouvernementales étaient préparées pour répondre à des situations violentes de cet ordre et si des moyens suffisants étaient pris pour tenter de les prévenir. Dans les médias du Québec, de même qu'ailleurs au Canada, le récit circonstancié des événements violents impliquant les Mohawks de Kanesatake et, plus tard dans ce conflit, les Mohawks de Kahnawake a inscrit dans l'imaginaire collectif des images choquantes. De ces images qui se sont décantées, il en est ressorti un portrait essentiellement négatif des Indiens au Québec. Pour les Autochtones du Canada, la médiatisation de ce conflit a permis de faire de la lutte des Mohawks de Kanesatake un symbole de la résistance des Indiens face à la dépossession de leurs terres. C'est d'ailleurs cet aspect symbolique qui a été retenu par les médias européens qui ont rendu compte des interventions médiatiques des Mohawks menées en Europe cet été-là.

Le fait que les médias d'information ne se soient pas intéressés à des questions plus fondamentales sous-jacentes aux événements de l'été 1990, soit au moment même de la « crise » soit après que celle-ci s'est résorbée, s'avère significatif. On aurait pu, par exemple, fournir de l'information sur les revendications historiques des Mohawks dans cette région, sur les liens historiques entre les communautés de Kanesatake et d'Oka et sur les effets de cette crise sur les relations entre les membres des deux communautés. De même, le rôle du gouvernement fédéral face aux revendications territoriales des Mohawks au xxᵉ siècle et l'influence du rejet de ces revendications par le gouvernement fédéral dans les années précédant la crise auraient mérité l'attention des médias. Le rôle du gouvernement du Québec, ses relations avec le gouvernement fédéral durant la crise et le recours aux policiers du Québec plutôt qu'à l'armée canadienne auraient tout autant pu susciter une analyse un peu fouillée de la part des médias.

De plus, il est remarquable qu'on n'ait pas fait le lien, en 1990, entre les événements d'Oka et des événements survenus quelques années plus tôt en Colombie-Britannique, qui concernaient également l'agrandissement d'un terrain de golf et qui avaient mené à un jugement très important en faveur des Indiens en 1984. La grande médiatisation de cette crise a par contre révélé que des événements problématiques impliquant des Autochtones pouvaient constituer de formidables opérations médiatiques et fournir une matière de premier plan en ce qui concerne l'actualité, et ce, durant un certain temps. C'est tout le potentiel médiatique de tels événements qui a été montré à cette occasion.

La grande médiatisation de ces événements a peut-être également contribué à nous faire découvrir par la suite que les événements de Kanesatake-Oka de l'été 1990 avaient marqué le début d'une série d'incidents violents qui sont survenus ailleurs au Canada, à mesure qu'on les a vus rapportés dans les principaux médias : Gustafsen Lake, en Colombie-Britannique, durant le même été 1990, Ipperwash en Ontario, en 1992, et Burnt Church, au Nouveau-Brunswick, en 1999-2000 pour ne nommer que ceux-là.

Le traitement des questions autochtones dans les médias est surtout centré sur les événements problématiques. Il est rare, en effet, de voir analysées des situations concernant des Autochtones en dehors d'événements où ces communautés vivent des problèmes, ces derniers étant en général plus accrocheurs, sur le plan des nouvelles et de l'actualité. Comme plusieurs d'entre eux le reconnaissent, les médias sont des entreprises dont les bénéfices sont déterminés par la réponse d'un consommateur, qui doit être frappé par des nouvelles ou des sujets percutants. Les réseaux publics sont sur la même longueur d'onde que les réseaux privés à ce point de vue. Ils ne faut donc pas s'étonner du fait que le travail nécessaire pour transmettre au public une information autre que sensationnelle sur les Autochtones ne soit pas assuré à l'heure actuelle dans le domaine de l'information. Certaines initiatives ponctuelles, qui sont louables, ne peuvent masquer le fait que les institutions de l'information sont en cause, compte tenu du pouvoir exorbitant dont elles disposent pour créer et défaire une image, laquelle est déterminante dans la formation de la perception que l'opinion publique se fait d'un sujet.

Chaque nouvelle crise impliquant des Autochtones et relayée par les médias fait ressortir l'agacement grandissant très répandu dans l'opinion publique. Ces crises mettent le plus souvent en scène des Indiens plutôt que des Inuits, probablement en partie parce que les Indiens sont plus nombreux dans les régions plus peuplées partout au pays et que les frictions sont moins fréquentes dans les régions habitées par les Inuits dans le Nord canadien, là où ils constituent la majorité de la population. On constate aisément que les reportages des médias sur ces crises ne fournissent pas, en général, des éléments d'information cruciaux qui permettraient à l'opinion publique de se faire une idée éclairée sur ces questions. Comme celles-ci ne sont pas traitées, sauf exception, en dehors des émissions d'actualité, le manque de temps devient un prétexte pour ne pas enquêter sur ces événements. Même dans les cas où ces événements durent plusieurs semaines, on constate que les médias ne saisissent pas l'occasion qui leur est donnée pour approfondir les enjeux sous-jacents à ces crises.

La «crise du homard», mettant en cause la pêche par les Micmacs du Nouveau-Brunswick, qui a commencé à la suite d'un jugement de la Cour suprême du Canada en faveur des Micmacs, à l'automne 1999, est un exemple éloquent de cette attitude des médias. Ces derniers, qui ont largement fait écho aux aspects les plus spectaculaires de cette crise, l'ont reléguée aux oubliettes durant l'hiver. Elle a resurgi l'été suivant et s'est poursuivie durant l'automne 2000, plus particulièrement à Burnt Church, sans qu'une analyse plus poussée de son caractère récurrent ait été faite ou que cette crise soit remise en perspective dans l'ensemble de la pêche pratiquée par les Micmacs du Nouveau-Brunswick et par les Micmacs résidant dans d'autres provinces. Le traitement qu'on a accordé à ces événements a fait des Micmacs de Burnt Church des Indiens avec lesquels il est impossible de s'entendre. Et l'on n'a pas réussi à comprendre quels étaient leurs motifs ni les véritables raisons de l'échec des négociations entre les Micmacs et les représentants du gouvernement fédéral.

De là à conclure que ces événements sont représentatifs de l'attitude générale des Micmacs du Nouveau-Brunswick et, par extension, de celle des Micmacs du Québec et de la Nouvelle-Écosse, il n'y a qu'un pas qui peut être aisément franchi. À aucun moment depuis le début de cette crise en 1999 on n'a pu se faire une idée nette des divergences entre les quantités de homards revendiquées par les Micmacs et celles que le gouvernement fédéral voulait leur imposer compte tenu de l'objectif visant la conservation de la ressource. On a beaucoup évoqué l'écart entre les chiffres des deux parties, mais on n'a pas fait appel aux spécialistes du homard, par exemple, pour tenter de démontrer ce que ces chiffres représentaient quant à la préservation de l'espèce. Voilà autant d'éléments déterminants dans l'explication d'un conflit qui, quand ils ne sont pas traités, biaisent l'opinion publique plutôt qu'ils ne l'informent.

La situation des Autochtones du Canada est beaucoup plus complexe que l'image qu'on en reçoit des médias. Mais même cette image simplifiée de la réalité est riche d'enseignements. Un des effets, pas nécessairement désiré, de la plus grande couverture médiatique des problèmes impliquant les Autochtones est que celle-ci met en lumière crûment l'échec des politiques menées depuis des siècles à leur égard. On ne peut plus refuser de constater ce fait. Puisque les Autochtones ont été mis sous la tutelle des gouvernements depuis longtemps, il faut se demander comment ce système a pu engendrer tous ces problèmes. Quelle part des problèmes a été provoquée par le système qu'on a établi pour gérer ces communautés, leurs membres et leurs biens ? Ce constat d'échec interpelle la société canadienne tout entière. On ne peut plus se contenter de faire remarquer que les Autochtones ont des problèmes. C'est toute la société qui fait face à un double problème : l'échec du système qu'elle a mis en place pour les Autochtones et la résolution des problèmes majeurs engendrés par ce système.

Les Autochtones sont tout à coup devenus visibles sur la scène publique. On ne peut plus se satisfaire de la vision étriquée de ces questions qui nous est présentée, laquelle ne fait que contribue à amener l'opinion publique à croire que les Autochtones sont synonymes de problèmes. Au-delà des impératifs des cotes d'écoute, il faut se demander pourquoi on n'arrive pas à obtenir une information plus complète sur d'autres aspects de la réalité vécue par les Autochtones. Cette représentation des Autochtones sert-elle à masquer des problèmes tout aussi graves mais dont on ne traite pas dans les médias, à commencer par celui qui pose le plus grand défi à la société à l'heure actuelle : la situation générale des Autochtones en ce début du XXIe siècle constitue la preuve de l'échec du régime qu'on leur a imposé. En effet, les indicateurs socioéconomiques donnent un portrait peu reluisant de la condition générale des Indiens par rapport à la situation des autres citoyens du Canada, quel que soit le lieu où ils vivent.

Les conséquences du *statu quo*

La situation actuelle ne doit pas durer, car elle risque d'avoir des conséquences néfastes pour l'ensemble de la société. Le maintien du *statu quo* ne fait qu'accélérer la détérioration de la situation générale des Autochtones et des relations entre ceux-ci et les autres citoyens. S'il persiste, le *statu quo* finira par révéler la vacuité des droits particuliers qu'on a dit reconnaître aux peuples autochtones en 1982, quand on a officiellement reconnu leurs droits dans la nouvelle constitution. On ne pourra adopter indéfiniment un discours qui semble vouloir changer les fondements du statut des Autochtones au Canada, mais qui, en réalité, n'a provoqué aucun changement fondamental dans le traitement de ces questions par le gouvernement. Des décisions doivent découler de ce discours, sinon le choix politique qui s'est concrétisé en 1982 sera lettre morte. Cela aurait entre autres conséquences l'accroissement de la frustration des Autochtones, frustration déjà grande vis-à-vis d'un processus politique qui les a laissés en plan depuis 1987, lors des pourparlers conduisant à l'accord du lac Meech. Il est important de ne pas laisser aux éléments extrémistes des communautés autochtones des occasions de convaincre leurs concitoyens que le processus politique canadien n'offre pas de possibilités réelles de réponse à leurs préoccupations. La crédibilité de ces éléments perturbateurs peut se construire sur notre incapacité à ramener les questions essentielles sur l'avenir des peuples autochtones au cœur de l'action et des débats politiques.

On ne peut penser que les Autochtones vont se contenter d'une reconnaissance théorique de leurs droits qui ne soit pas appuyée par des changements législatifs et administratifs conséquents. Il faut se rendre compte que le choix fait en 1982 ouvre une perspective nouvelle se situant aux antipodes de la politique canadienne qui a été appliquée pendant des siècles. Un changement aussi radical indique que le *statu quo* n'est pas viable. Des mesures nettement différentes s'imposent.

On ne peut à la fois déclarer qu'il existe au Canada des peuples autochtones et continuer de traiter les Indiens et les Inuits comme des mineurs sous la tutelle du gouvernement fédéral. Il y a là une contradiction flagrante qu'il faudra tôt ou tard résoudre. Sinon, l'existence de peuples autochtones apparaîtra comme une coquille vide, sans incarnation dans la réalité quotidienne de ces communautés.

Par ailleurs, il est difficile de concilier l'affirmation faite par le gouvernement fédéral depuis 1995, selon laquelle il reconnaît que le droit inhérent à l'autonomie gouvernementale des Autochtones est un droit existant depuis 1982, avec le *statu quo* actuel. Cette notion de droit inhérent a justement été la pierre d'achoppement des négociations constitutionnelles des années 80 avec les Autochtones. Ceux-ci n'ont précisément pas réussi à faire accepter que les droits reconnus en 1982 comprennent le droit de se gouverner selon leurs propres règles. Ainsi, on reconnaît aux Autochtones leur droit inhérent à l'autonomie gouvernementale, mais on ne permet l'application de ce droit qu'à la condition qu'une entente en délimite l'exercice, dans un cadre défini par le gouvernement fédéral. Or, un droit qui ne peut s'appliquer que dans la mesure où un accord sur son contenu intervient avec le gouvernement fédéral correspond plutôt à un droit conditionnel qu'à un droit inhérent, qui existe en soi. Au mieux, il y a confusion dans les termes. En réalité, on risque de susciter beaucoup d'espoir en ayant l'air de reconnaître un principe qui rejoint les préoccupations des Autochtones, sans toutefois le mettre en œuvre. Cela a pour effet de créer dans l'opinion publique l'impression que le gouvernement fédéral acquiesce aux demandes des Autochtones et qu'en retour ceux-ci n'en sont pas satisfaits, et donc de la conforter dans l'idée généralement reçue que rien ne peut les contenter.

De plus, le maintien du *statu quo* contribue à la désintégration des communautés autochtones, ce qui est catastrophique tant pour celles-ci que pour l'ensemble de la société, qui devra en assumer les coûts de plus en plus élevés. Quand on sait que les six milliards de dollars alloués annuellement par le gouvernement fédéral ne réussissent pas à produire des résultats meilleurs que ce que révèlent les indicateurs socioéconomiques concernant les Autochtones, il faut s'interroger sérieusement sur la pertinence d'un tel système. Même si elles ne répondent pas à tous les besoins, les sommes investies annuellement depuis des décennies sont sans commune mesure avec les résultats obtenus. Les conditions socioéconomiques des Autochtones sont les pires du pays depuis longtemps et, dans l'état actuel des choses, elles risquent de le demeurer malgré l'augmentation des dépenses qui y sont consacrées.

Ce système doit être revu parce que la détérioration graduelle du tissu social dans les communautés autochtones requerra des investissements de plus en plus importants dans des politiques de soutien social qui s'ajouteront aux dépenses de développement. En outre, une trop grande fragilisation de ces communautés pourrait compromettre leur développement même. Il faut éviter qu'un sentiment d'abandon collectif ne s'installe, parce que cela risquerait de paralyser les éléments actifs au sein de ces collectivités, qui ne seraient alors plus assez nombreux pour influer positivement sur le cours des choses. L'ensemble de la société canadienne a intérêt à ce que les Autochtones se ressaisissent et s'engagent dans la nécessaire entreprise de guérison des blessures profondes causées par le passé, mais surtout qu'ils se mettent résolument à la difficile tâche de choisir un avenir qui leur ressemble.

Le *statu quo* ne fait que maintenir les Autochtones dans un état de victimes d'un passé colonial que l'on n'a pas toujours voulu reconnaître. L'état actuel pourrait en venir à ôter aux Autochtones toute velléité d'assurer leur propre développement, parce qu'ils seront mobilisés par la dénonciation d'un passé qui les a rendus dépendants des gouvernements. On doit se prémunir contre une plus grande dépendance. C'est pourquoi il faut miser sur l'énergie collective des Autochtones afin qu'ils se prennent en mains plutôt que de laisser perdurer un système dont on ne peut plus se cacher qu'il est un échec.

CHAPITRE 2

La place assignée aux Autochtones

La marginalisation des Autochtones a pris diverses formes au cours de l'histoire. Ces formes illustrent clairement le statut de second rang qui leur est attribué et permettent de mieux comprendre les raisons de leur refus de demeurer confinés dans la place qu'on leur a assignée. Avant d'aborder différentes facettes de ce refus, il convient de mieux cerner la place qui a été assignée aux Autochtones dans la société canadienne. L'examen des éléments caractéristiques du régime spécial élaboré pour eux permettra d'apprécier leur opposition contemporaine à ce régime.

De la découverte à l'assujettissement

À partir de l'arrivée des Européens en Amérique, les Autochtones ne se sont plus trouvés seuls entre eux à rivaliser en vue de contrôler le continent américain. Bien qu'on ne comprenne pas nécessairement toutes les motivations ni tous les enjeux qui avaient cours, on sait aujourd'hui grâce à différents indices que la période précédant le contact des Autochtones avec les Européens venus à la découverte de nouvelles terres a été marquée par des conflits entre diverses civilisations autochtones, dans toutes les parties du continent américain. Ces civilisations étaient de langues et de cultures très différentes, caractérisées par des activités en grande partie définies par le milieu qu'elles occupaient. Certaines civilisations étaient constituées de plusieurs nations apparentées culturellement, quoique vivant sur des territoires très éloignés les unes des autres. Un certain nombre d'entre elles sont devenues des organisations politiques et juridiques complexes, en éliminant ou en absorbant par la force des civilisations plus petites, ou encore en s'alliant avec elles.

Tout un monde a été heurté au cours de son évolution lors de l'arrivée des Européens en Amérique. Rien ne permet toutefois d'affirmer, comme le font certains, que ce monde ancien était paradisiaque. Ce discours semble relever en partie de la nostalgie du paradis perdu, représenté de diverses manières au gré des époques. En fait, des traces suffisamment révélatrices indiquent plutôt que, même durant la période où les Autochtones se le sont partagé en exclusivité, soit avant la présence des Européens, le continent américain n'a pas échappé aux luttes de pouvoir qui marquent toutes les périodes de l'histoire humaine partout dans le monde.

Cela n'empêche pas de reconnaître le désordre qu'à amené dans ce monde l'arrivée des Européens en Amérique. On ne saura jamais quelle évolution les sociétés autochtones auraient connue s'il n'y avait pas eu l'intervention des Européens sur le continent américain. On ne peut préjuger de ce qui serait alors advenu; tout ce dont on peut être sûr, c'est que les choses auraient été différentes. On connaît mieux, par ailleurs, la conception de l'ordre mondial définie par les puissances européennes à l'époque des découvertes et durant les siècles suivants. Cette conception s'est élaborée en fonction des intérêts des différents États européens, qui se disputaient la possession des terres qu'ils découvraient dans le monde, y compris dans les Amériques.

Dans une première période d'exploration sur laquelle on dispose d'une documentation historique peu abondante, les Européens seraient venus en Amérique surtout pour y exploiter les ressources de la mer et ils auraient eu peu de contacts avec les Autochtones indiens et inuits qui vivaient alors sur ce continent. Cette période a précédé celle où des entreprises plus organisées et plus systématiques d'implantation européenne vont se mettront en place.

Dès le moment où les souverains de ces États ont envoyé des mandataires pour explorer les terres inconnues de ce qui deviendra le continent américain, ils ont exprimé clairement leur volonté de s'approprier ces terres et d'y asseoir leur autorité. Ce sera le but visé par les nombreuses expéditions européennes à la recherche d'une route vers l'Ouest, qui s'intensifieront à partir du xvᵉ siècle, notamment celles qui seront menées pour le compte de l'Angleterre sur le territoire du Canada actuel. Différents textes, comme des commissions, des lettres patentes ou des instructions royales, attestent de cette vision colonisatrice des diverses puissances européennes — l'Angleterre, l'Espagne, la France, la Hollande, le Portugal et la Suède — ayant des prétentions en Amérique. Ces textes confient souvent à des explorateurs la responsabilité de soumettre, d'occuper et de posséder les territoires découverts avec les constructions qui y sont érigées, au nom d'un souverain, conférant à celui-ci l'autorité sur ces territoires. Se sont ainsi établis, partout en Amérique, des régimes colonialistes fondés sur l'idée que les Autochtones étaient des peuples inférieurs qu'on devait faire accéder aux vertus de la civilisation (celle des colonisateurs), puisque la nature ne les avait pas pourvus en cette matière. Cette conception ne pouvait reconnaître de valeur à des sociétés qui fonctionnaient selon des règles inconnues des colonisateurs, ce qui les discréditait aux yeux de ces derniers.

C'est globalement sur cette conception qu'est fondée la relation qui sera établie au Canada avec les Autochtones, notamment par les Français, les Anglais et les Canadiens par la suite. La connaissance de cette réalité historique est essentielle si l'on veut mesurer à quel point elle marque encore, au xxiᵉ siècle, les relations entre les Autochtones et les gouvernements non seulement au Canada, mais aussi dans la plupart des États où vivent des Autochtones. D'une part, les gouvernements successifs voient dans les Autochtones (tant les individus que les communautés) des sujets soumis à leur autorité discrétionnaire. D'autre part, des Autochtones, en particulier les Indiens, expriment leur refus de subir une telle tutelle.

Les sources historiques : le point de vue des Européens

Pendant plus de cinq siècles, les Européens et leurs descendants ont généralement considéré que les sources historiques qui exprimaient leur vision de la découverte de l'Amérique et des relations établies par la suite avec les Autochtones reflétaient fidèlement la réalité historique. Aujourd'hui, cette vision historique et les documents qui en rendent compte sont contestés par les Autochtones dans tous les pays où ils sont encore présents. Ils reprochent à la discipline historique d'avoir cautionné la prétention selon laquelle la vision des Européens peut embrasser toutes les dimensions de l'histoire. Les Autochtones ne se reconnaissent pas dans une vision des événements historiques qui ne fait aucun cas de la leur et qui ne défend que le point de vue et les intérêts des Européens. Les représentations le plus souvent négatives des Indiens dans les manuels d'histoire sont un témoignage éloquent de la déconsidération dont ils ont fait l'objet chez les historiens des cinq derniers siècles.

Quoique ces étrangers aient pu être de bonne foi, on ne saurait oublier le fait que leurs relations avec les Autochtones étaient motivées par des intérêts qui étaient d'abord, sinon exclusivement, ceux des Européens. Leur version de ces relations, qui nous a été transmise par les documents historiques, reste par conséquent celle des vainqueurs d'entreprises de relations commerciales, de colonisation, d'alliances stratégiques et finalement d'assujettissement, menées en plusieurs étapes par divers états sur le continent américain.

Cette vision de l'histoire a largement été cautionnée par les tribunaux en Amérique du Nord, au Canada et aux États-Unis. La politique coloniale britannique appliquée sur un vaste territoire qui deviendra les États-Unis et le Canada a fait l'objet d'analyses et d'interprétations par les plus hautes cours de ces deux pays. En fait, la Cour suprême du Canada s'est beaucoup référée aux jugements de la Cour suprême des États-Unis dans l'interprétation de cette politique.

Par exemple, dans la célèbre affaire Worcester c. Georgia, le juge Marshall, alors juge en chef de la Cour suprême des États-Unis, a défini, en 1832, la position de la Cour relativement à l'exploration du continent américain par les Européens et à leur établissement sur ce continent. Ce jugement, qui fondera toute la jurisprudence américaine et canadienne des XIXe et XXe siècles, établit que les grandes puissances maritimes européennes ont, à peu près à la même époque (à partir du XVe siècle), découvert et visité différentes parties du continent américain. Aucune d'entre elles n'avait les moyens d'en maîtriser l'ensemble, mais tous les pays en cause étaient trop puissants pour accepter de se soumettre aux prétentions déraisonnables d'une seule autorité.

Pour éviter des conflits destructeurs pour toutes les nations, les nations européennes ont dû établir un principe qui serait respecté par tous, lequel déterminerait leurs droits respectifs. Suivant ce principe, qui n'était en fait que le constat de leurs pratiques à cette époque, la découverte d'un territoire en conférait le titre à l'État au nom duquel elle était faite, à l'encontre de toute autre puissance européenne, ce titre devant être confirmé par la possession du territoire en question. Selon le juge, toutes les nations européennes avaient intérêt à accepter ce principe — et c'est ce qu'elles firent —, ce qui accordait à la nation qui découvrait un territoire le droit exclusif d'en acquérir la propriété et de s'y établir.

Ce principe éliminait toute contestation entre les puissances qui l'avaient reconnu, mais il ne pouvait pas annuler les droits de ceux qui n'y avaient pas consenti. Il régissait le droit de découverte entre les puissances européennes, mais il ne pouvait pas toucher les droits de ceux qui étaient déjà en possession de ces terres, soit les occupants autochtones, soit d'autres occupants qui auraient découvert le territoire antérieurement. Ce principe donnait à l'État « découvreur » le droit exclusif d'acheter les terres, mais il ne pouvait servir de fondement au déni du droit de vendre du possesseur de ces terres. En vertu de ce droit exclusif, aucune autre puissance européenne n'avait alors le droit de s'interposer entre l'État découvreur et les habitants autochtones du territoire.

Dans l'établissement de ces relations, les droits des Autochtones n'ont pas été totalement écartés, mais ils ont été énormément diminués. Les Autochtones étaient considérés comme les véritables occupants du territoire, avec un titre légal de possession et d'utilisation à leur discrétion de ces terres qu'ils pouvaient légalement conserver, s'ils le désiraient. Mais leur droit à la complète souveraineté, en tant que nations indépendantes, a nécessairement été réduit. De même, leur droit de disposer du territoire à leur gré a été nié par le principe de la découverte qui conférait le titre exclusif de propriété du territoire à la puissance européenne au nom de laquelle la découverte était faite. De plus, le pouvoir du gouvernement d'éteindre leur droit d'occupation était total : que ce soit par un traité, par les armes, par l'achat de ce droit, par l'exercice d'une souveraineté complète ou autrement. Et les tribunaux ont conclu qu'ils n'avaient pas le pouvoir de réviser une telle extinction et qu'ils n'avaient pas à se prononcer sur le caractère juste ou injuste d'une telle mesure.

Cette position jurisprudentielle fonde encore les jugements des tribunaux tant aux États-Unis qu'au Canada. Elle s'appuie globalement sur la version que l'histoire a retenue des événements, c'est-à-dire la version européenne. Ainsi, les nations autochtones ne constituaient pas des puissances publiques de même rang que les puissances européennes. Elles ne pouvaient donc pas détenir, pour les territoires qu'elles occupaient, des titres de souveraineté et de propriété opposables aux puissances européennes à l'arrivée de celles-ci. Elles ne pouvaient que détenir des droits de possession qui, dans les faits, ont été parfois reconnus, parfois niés par les différentes nations européennes qui sont venues en Amérique.

Ces principes juridiques étaient basés sur la thèse défendue par plusieurs juristes du XVIe siècle, dont le juriste espagnol Juan Ginès Sepulveda, selon qui les Indiens du Nouveau Monde étaient des barbares, qui idolâtraient des pierres et que la nature même, plutôt que les hommes, avait destinés à être des esclaves. Contestée par une minorité d'autres juristes, comme Bartolomé Las Casas, Grotius et Vattel, la thèse de l'infériorité intrinsèque des Autochtones a prévalu, notamment parce qu'elle confortait les Européens dans des théories historiques et juridiques qui soutenaient leurs intérêts.

L'interprétation formulée par le juge Marshall en 1832 a été reprise au Canada dans plusieurs instances. Le Comité judiciaire du Conseil privé de Londres a rendu un jugement dans le même sens en 1888, alors qu'il agissait comme tribunal d'appel des décisions rendues par la Cour suprême du Canada (autorité que le Conseil privé a conservée jusqu'en 1949) dans l'affaire St-Catherine's Milling & Lumber Co. c. R. Dans cette affaire, le plus haut tribunal britannique a estimé que la défaite de Québec en 1759, la capitulation de Montréal en 1760 et la cession du Canada à la Grande-Bretagne, en 1763 ont conféré à cette dernière la souveraineté, la propriété, la possession et tous les autres droits que la France avait antérieurement détenus ou acquis sur ce territoire. Pour le Conseil privé, il était clair que le titre appartenait au souverain, sous réserve d'un « titre indien » et que le titre du souverain devenait complet une fois que le titre indien était cédé par les Autochtones ou autrement éteint par les autorités gouvernementales.

Cette décision a eu pour effet de confirmer le pouvoir du souverain d'éteindre le titre indien, soit en obtenant la cession (les Indiens le cédant alors volontairement), soit en l'éteignant unilatéralement par une loi, par exemple (avec ou sans le consentement des Indiens). Un certain nombre de litiges similaires ont été soumis au Comité judiciaire du Conseil privé de Londres entre les années 1880 et 1930. Tous ces litiges concernaient l'autorité et le droit de propriété sur les terres qui avaient été cédées par les Indiens au gouvernement fédéral. Les Indiens n'étaient pas partie à ces litiges. Ainsi, les tribunaux ont défini un titre indien en l'absence des principaux intéressés. On a négligé de considérer cette question jusqu'ici, mais cela peut expliquer dans une certaine mesure le manque de légitimité de l'appareil judiciaire canadien aux yeux des Indiens. Des questions fondamentales touchant les droits des Indiens au Canada ont été définies à la fin du XIXe siècle et durant les premières décennies du XXe siècle, sans qu'ils aient pu intervenir dans le processus judiciaire qui a amené le tribunal britannique à statuer, accessoirement, sur la nature et la portée de leurs droits.

Depuis le milieu du XXe siècle, soit au moment de l'abolition du droit de recours au Comité judiciaire du Conseil privé à Londres, la Cour suprême du Canada est devenue le tribunal de dernière instance au Canada. Elle a adopté la même position que le Comité judiciaire du Conseil privé dans plusieurs de ses décisions. L'interprétation contemporaine des tribunaux repose donc toujours sur des postulats historiques élaborés par les tribunaux américains. Les jugements de la Cour suprême du Canada continuent en effet de se référer aux décisions de la Cour suprême des États-Unis malgré le fait que le régime juridique des Indiens soit différent dans les deux pays. Elle s'en est encore largement inspirée dans un jugement qu'elle a rendu en 1973 et qui a eu beaucoup de répercussions par la suite. Dans l'affaire Calder, soulevée par des Indiens de la Colombie-Britannique, la majorité des juges de la Cour suprême du Canada, qui divergeaient d'opinions sur le fond de la question, se sont néanmoins entendus sur un point fondamental : les Indiens qui vivaient en Amérique au moment de l'arrivée des Européens formaient des sociétés et occupaient ces terres comme leurs ancêtres l'avaient fait avant eux pendant des siècles. Ils détiennent par conséquent un « titre indien » fondé sur l'occupation et l'utilisation de leurs terres traditionnelles, peu importe que ce droit ait été reconnu ou non par les puissances qui se sont établies ultérieurement sur ces territoires.

Cette décision de la Cour suprême du Canada marque un important point de rupture de la jurisprudence canadienne par rapport aux décisions antérieures du Comité judiciaire du Conseil privé, pour lequel un titre indien ne pouvait exister que dans la mesure où il avait été reconnu par l'État. Pour la première fois, en 1973, le plus haut tribunal du pays a conclu que l'occupation de fait par les Autochtones, reconnue ou non par l'État, leur procurait un titre légal sur ces terres. Par contre, la Cour suprême a maintenu la position traditionnelle sur le droit de possession des Indiens : ce droit existait sous réserve du titre suprême du gouvernement, ce qui implique que ce droit de possession pouvait être éteint par le gouvernement fédéral.

La tutelle : une entrave à l'organisation politique, sociale et économique des Indiens

Il n'y a pas que le titre des Autochtones sur le territoire qui ait été soumis au pouvoir des autorités gouvernementales. Les individus et les communautés autochtones ont également été mis sous la tutelle des gouvernements. Le gouvernement du Canada a poursuivi à cet égard les politiques coloniales antérieures, surtout la politique britannique, tant durant la période où il était une colonie britannique (1760-1867) qu'à partir du moment où la Confédération canadienne actuelle a été adoptée par la Grande-Bretagne (en 1867). Le régime régissant aujourd'hui la vie des Indiens est donc celui qui a été codifié pour la première fois dans une loi fédérale en 1876. Il s'agit d'un régime de tutelle des individus et des communautés autochtones. Les propos du ministre fédéral de l'Intérieur lors du dépôt de ce projet de loi étaient clairs : « Il faut traiter les Sauvages comme des mineurs ou comme des Blancs. »

L'adoption de cette loi montre que la première des deux solutions a été retenue : faire des Indiens des mineurs, c'est-à-dire des pupilles de l'État. Cette loi a incorporé plusieurs règles qui visaient à écarter les structures politiques autochtones traditionnelles, qui étaient des obstacles à l'assimilation. L'accès à certaines professions, comme celles de médecin, d'avocat ou de prêtre, entraînait l'affranchissement, même involontaire, du statut d'Indien. Dans de telles conditions, l'Indien devenait propriétaire du terrain qu'il occupait dans une réserve, ce qui, de façon ultime, devait mener à l'extinction du caractère particulier et communautaire des terres dans les réserves indiennes et à leur assujettissement éventuel au régime foncier provincial. Toutes ces mesures ont eu pour effet d'entraver l'organisation politique, sociale et économique des Indiens, d'une manière telle qu'il est extrêmement compliqué de changer les conditions actuelles.

C'est donc peu de temps après la création de la fédération canadienne que le Parlement fédéral, à qui est attribuée l'autorité constitutionnelle sur les Indiens et sur les terres réservées aux Indiens (paragraphe 91[24] de la Loi constitutionnelle de 1867), a consolidé dans un seul texte diverses lois antérieures portant sur les Indiens. Des modifications ont été apportées à cette loi depuis son adoption il y a plus de cent trente ans, mais ses principes sont demeurés les mêmes. La Loi sur les Indiens définit les règles de la vie des individus et des communautés autochtones, précise les limites de l'autorité locale (le conseil de bande) et énonce les pouvoirs que le gouvernement fédéral a conservés.

Le gouvernement fédéral a énoncé dans sa loi des règles définissant les critères à respecter pour se voir accorder le statut d'Indien. En plus de déterminer qui est indien, le gouvernement a « créé » ce qu'il a appelé les bandes. Il s'agit de communautés formées d'Indiens, reconnues par le gouvernement fédéral et à l'usage et au profit desquelles le gouvernement a mis de côté des terres nommées « réserves ».

En vertu de ce système, le gouvernement fédéral détient des pouvoirs importants dans plusieurs secteurs de la vie des individus, des bandes indiennes et des réserves. Ces pouvoirs sont exercés soit par le cabinet, soit par le ministre des Affaires indiennes. D'abord, le cabinet a gardé un pouvoir de réglementation à l'intérieur des réserves, dans des domaines comme la sécurité publique, la sécurité routière, la santé, les ressources fauniques et les emprunts faits par une bande. Ainsi, le gouvernement peut déterminer à quelles conditions des bandes peuvent emprunter. Comme cette loi interdit, par ailleurs, les hypothèques, les nantissements et les autres garanties de ce genre, le développement des communautés se trouve entravé, puisque les emprunts sont soumis à des conditions fixées par le gouvernement. Cela limite souvent les communautés indiennes, dans l'obtention de fonds de développement, aux programmes établis par le gouvernement fédéral à leur intention.

Le gouvernement a aussi conservé un pouvoir d'administration des terres des réserves indiennes. Lui seul peut créer une réserve indienne, et c'est également lui qui gère l'exploitation des ressources naturelles à l'intérieur des réserves indiennes. Les bandes ne peuvent céder qu'au gouvernement fédéral leurs droits d'occupation et d'utilisation des réserves. Celui-ci a conservé un pouvoir d'expropriation de ces terres.

Le gouvernement a également gardé un pouvoir important quant à la gestion interne des communautés indiennes. Par exemple, lui seul peut créer officiellement une bande indienne. Il peut réglementer des domaines comme l'administration de la justice dans une bande, les élections au sein de la bande (y compris l'annulation des élections), la procédure d'assemblée du conseil de bande et l'éducation. Enfin, le gouvernement a des pouvoirs touchant la vie des individus, notamment en ce qui a trait à la réglementation des successions des Indiens et des prêts qui leur sont accordés.

Aux pouvoirs que le cabinet peut exercer s'ajoutent d'autres pouvoirs conférés au ministre des Affaires indiennes. Ainsi, le ministre a le pouvoir discrétionnaire d'imposer à une communauté les règles d'élections prévues dans la loi, lorsqu'il juge utile que cela est à la bonne administration de la bande. Par exemple, une bande qui est régie par des règles coutumières en matière d'élections peut voir ses règles écartées par une décision ministérielle. Le ministre dispose d'un autre pouvoir discrétionnaire important puisqu'il peut annuler un règlement administratif adopté par le conseil d'une bande dans des domaines comme la santé ou la sécurité publique. Le ministre jouit donc d'un important pouvoir de contrôle sur la gestion des affaires internes des communautés. En plus de ce pouvoir, il détient celui d'autoriser ou non l'adoption de certains règlements administratifs. Ainsi, un conseil de bande est soumis au droit d'autorisation préalable du ministre quand il veut réglementer certains secteurs d'activité dans la communauté, comme la taxation des immeubles, l'imposition de taxes d'affaires ou l'affectation de fonds pour les dépenses de la communauté.

Le ministre des Affaires indiennes peut aussi intervenir dans la vie des individus à titre de responsable de la gestion des successions des Indiens, ce qui lui donne le pouvoir discrétionnaire d'annuler le testament d'un Indien s'il est convaincu que des clauses du testament sont si « vagues », « incertaines » et « capricieuses » qu'elles rendent difficile la bonne administration et la distribution équitable des biens de la personne décédée.

En ce qui concerne les réserves, seul le ministre a autorité pour accorder des droits sur des terres dans les réserves indiennes, d'abord aux Indiens et aux bandes indiennes, ensuite à des non-Autochtones. Comme le titre de propriété sur les terres des réserves appartient à la Couronne (en fait au gouvernement fédéral ou au gouvernement provincial), les bandes et les Indiens ne détiennent pas, à de rares exceptions près, de droit de propriété sur des terres à l'intérieur des réserves indiennes. Les terres sont détenues par le gouvernement pour l'usage et le profit des communautés pour lesquelles elles ont été mises de côté. Quant aux individus, un Indien n'a, dans le meilleur des cas, qu'un droit de possession sur un terrain à condition que la possession de ce terrain lui ait été accordée par le conseil de bande, avec l'approbation du ministre des Affaires indiennes, qui a seul autorité pour lui émettre un certificat de possession de son terrain. Dans la majorité des cas, toutefois, un Indien n'a qu'un droit d'occupation précaire, accordé par le conseil de bande qui peut annuler ce droit à son gré.

Quant aux non-Autochtones, seul le ministre a autorité pour émettre des permis ou des droits sur les terres d'une réserve. Si la durée du contrat ne dépasse pas un an, il peut le conclure sans l'autorisation du conseil de bande. Au-delà, le consentement du conseil de bande est nécessaire. Ainsi, un contrat, un bail ou toute autre forme d'entente accordant des droits d'occupation ou d'utilisation est nul à moins qu'il ne soit signé par le ministre. Un bail conclu entre un Indien et un non-Indien sera donc nul s'il n'est pas signé par le ministre. C'est également le ministre qui est responsable de la gestion des avoirs financiers des bandes, qu'il s'agisse des fonds de capital ou des fonds de revenus.

Le système prévoit, en plus du cabinet et du ministre des Affaires indiennes, un troisième niveau d'autorité dans la réserve : le chef et le conseil de bande. Quoique son statut et ses fonctions ne soient pas définis, le chef constitue le porte-parole politique de la communauté. Le conseil de bande, qui peut être élu selon la coutume indienne ou selon la procédure électorale définie dans la loi, est l'autorité locale politique et administrative. Il détient un pouvoir de réglementation des affaires internes de la communauté, mais on vient de voir que ce pouvoir est largement soumis, *a priori* ou *a posteriori*, à un important pouvoir de contrôle du gouvernement fédéral.

Tous les pouvoirs que le gouvernement s'est attribués constituent une véritable mise en tutelle des individus et des communautés autochtones, laquelle compromet sérieusement l'intégrité des structures politiques des communautés et leur développement économique tout en permettant de contrôler leur développement social. Cette mise en tutelle représente une continuité par rapport à la mentalité des régimes précédents, pour lesquels ces communautés devaient être amenées à la civilisation par l'imposition de règles modernes de gouvernement qui, tout en leur étant étrangères, pouvaient seules les amener à un « haut degré d'avancement », que ces communautés en apprécient ou non les bénéfices.

D'autres mesures adoptées ajoutent aux effets de cette tutelle et consacrent le statut de seconde classe attribué aux Indiens. Par exemple, les Indiens n'ont pas pu exercer un droit de vote avant la dernière moitié du xxe siècle (un droit acquis entre 1960 et 1969) tant au palier fédéral qu'au palier provincial.

Un droit fondamental nié

Le rapport des Autochtones au droit a toujours été marqué par des malentendus qui trouvent leur origine, du moins en partie, dans leur difficulté à participer aux institutions législatives, administratives et judiciaires, que ce soit dans l'élaboration des lois, dans la gestion de la chose publique ou dans l'application et l'interprétation des lois par les tribunaux.

Dans le régime canadien, les lois adoptées par l'un ou l'autre palier, le Parlement fédéral ou les Assemblées législatives, s'appliquent à tous les citoyens. Ce principe est d'ailleurs inscrit dans la Charte canadienne des droits et libertés adoptée en 1982. Ainsi, les lois s'appliquent à tous à moins qu'elles ne prévoient le contraire. Les tribunaux sont appelés à trancher les litiges et à appliquer les lois, et entre autres à décider si une transgression commise par un citoyen constitue une infraction ou un crime punissable selon les sanctions prévues dans les lois.

Dans un régime démocratique, la loi est l'expression de la volonté populaire, c'est-à-dire d'un consensus social sur certaines valeurs consacrées dans un texte législatif. À titre de représentants du peuple, les députés sont élus pour exprimer, au nom des citoyens, un consensus sur des valeurs dans divers aspects et domaines de la vie, lesquelles valeurs sont incorporées dans les lois et deviennent des normes obligatoires. Le respect des lois est alors fondé sur l'adhésion volontaire des citoyens aux normes élaborées par leurs représentants élus. C'est également de ce principe que découle la légitimité des lois. Dans la mesure où celles-ci reflètent les consensus sociaux, les citoyens qui y sont soumis auront tendance à les respecter. C'est sur la base de ces lois que les tribunaux détermineront si un comportement est antisocial ou transgresse une norme établie dans une loi.

Tant sur le plan juridique que sur le plan politique, on a considéré que le pouvoir de légiférer a été entièrement réparti en 1867 entre le Parlement et les Assemblées législatives provinciales. Ainsi, aucune compétence législative autochtone n'aurait survécu à l'adoption de la Constitution canadienne en 1867. Les Autochtones n'auraient donc pas la capacité d'adopter des lois en vertu de leur seule autorité.

Il importe de se rappeler que les Autochtones n'ont pas eu le droit de vote au palier fédéral avant 1960, soit pendant un siècle après la création de la Confédération canadienne. En outre, plusieurs provinces canadiennes ont adopté des lois privant les Autochtones du droit de voter aux élections provinciales, une situation qui a duré jusqu'en 1949 en Colombie-Britannique, qui est la première province canadienne à avoir rétabli leur droit de vote, et jusqu'en 1969 au Québec, la dernière province à avoir redonné le droit de voter aux élections provinciales aux Indiens vivant à l'intérieur des réserves qui y sont situées.

Au niveau fédéral, les Indiens ont généralement été privés du droit de voter aux élections fédérales jusqu'en 1960. Avant cette date, diverses lois ont été adoptées depuis 1885, lesquelles précisaient des exceptions à cette règle à certaines conditions. Par exemple, des lois fédérales adoptées respectivement en 1917 et 1944 ont accordé le droit de vote aux Indiens qui étaient membres des forces armées canadiennes et qui avaient pris part aux deux guerres mondiales du XXe siècle. Dans certains cas, les conditions d'obtention du droit de vote étaient lourdes de conséquences pour les Indiens, parce qu'ils devaient, en contrepartie, renoncer soit à leur statut d'Indien, soit à des droits découlant de traités, soit aux exemptions fiscales de leurs biens meubles et immeubles auxquelles ils avaient droit.

De leur côté, les Inuits ont été privés du droit de voter aux élections fédérales par une loi de 1934. Ils l'ont retrouvé en 1950. Ils n'ont toutefois pu l'exercer qu'à partir de 1962, alors qu'on a commencé à installer des urnes dans leurs communautés. Fait à noter, les Inuits n'ont pas pu bénéficier du droit accordé aux Indiens qui étaient membres des forces armées canadiennes.

Divers arguments ont été invoqués par les législateurs entre 1867 et 1960 pour justifier leurs décisions de ne pas accorder le droit de vote aux Autochtones. Citons leur statut de pupilles de l'État, leur manque d'instruction, le risque qu'ils soient manipulés par le gouvernement dans l'exercice de ce droit, le statut juridique distinct des Indiens, l'exemption fiscale des Indiens, le régime foncier des réserves indiennes (au sein desquelles les bandes indiennes et les individus ne pouvaient pas détenir de droit de propriété, les réserves appartenant à l'État), et même la prise de conscience politique des Autochtones. Cette situation a permis à un comité formé de parlementaires autochtones fédéraux de dire que le gouvernement fédéral a utilisé le droit de vote comme outil d'assimilation des Autochtones, et que cela a engendré une grande méfiance de la part des Autochtones envers le Parlement.

La Commission royale sur la réforme électorale s'est inspirée des travaux de ce comité pour recommander, en 1992, une modification du système électoral canadien de façon à assurer une représentation directe des Autochtones au Parlement fédéral au moyen de la création de circonscriptions électorales qui leur seraient réservées. Ces recommandations n'ont pas eu de suite. Il n'est pas étonnant, dans ce contexte, de constater que le taux de participation des Autochtones a toujours été relativement faible aux élections fédérales, et plus faible encore, en général, aux élections provinciales. D'ailleurs, plusieurs chefs autochtones ont périodiquement appelé les membres de leurs communautés à boycotter ces élections.

Le droit de vote est un droit démocratique fondamental, puisqu'il est à la base du système qui permettra au régime élu de faire des lois auxquelles les citoyens seront assujettis et qui amènera les tribunaux à leur imposer des sanctions s'ils ne respectent pas ces lois. En fait, on entend appliquer les lois aux Autochtones dans ce pays sachant qu'on les a longtemps privés du droit de voter pour élire des représentants dans les institutions législatives fédérales et provinciales. Se pose inévitablement la question de la légitimité de ces institutions législatives, en ce qui a trait à l'expression des valeurs des Autochtones et celle de la légitimité des règles que ces institutions ont adoptées alors que les Autochtones n'avaient pas la possibilité d'y faire valoir leur point de vue. D'ailleurs, les Autochtones s'interrogent de plus en plus ouvertement sur ce point depuis les années 60. Ils revendiquent un droit inhérent de se gouverner selon leurs propres règles, par opposition à l'exercice d'un pouvoir législatif dont ils contestent la légitimité, notamment parce qu'il les a exclus pendant un siècle au Canada.

Justice blanche chez les Autochtones

Par-delà la légitimité des lois se pose, pour les Autochtones, la question de la crédibilité des tribunaux, le constituant de l'État responsable de l'administration de la justice et de l'application des lois. Comment le régime d'application des lois, dont la légitimité leur paraît contestable, peut-il lui-même être considéré comme légitime par les Autochtones? Comment les tribunaux, dont les juges sont nommés par les gouvernements qui font voter ces lois, peuvent-ils bénéficier d'une plus grande légitimité que les lois qu'ils appliquent? Il y a toutefois lieu de distinguer la période antérieure au rapatriement de la Constitution canadienne, avec l'adoption de la loi constitutionnelle de 1982, de la période postérieure à cette date.

Avant 1982, il était extrêmement difficile pour les Autochtones d'avoir gain de cause devant les tribunaux quand ils invoquaient des droits ancestraux sur les terres qu'ils avaient occupées traditionnellement, surtout dans les parties du Canada où ils n'avaient pas signé de traités en échange de la cession de leurs droits. On ne reconnaissait pas de droits aux Autochtones à titre de premiers habitants de l'Amérique. On ne leur reconnaissait que les droits qui leur avaient été expressément accordés.

Les traités historiques signés par les Indiens en échange de la cession de leurs droits ancestraux portaient globalement sur le territoire canadien qui va de la frontière orientale de l'Ontario à la frontière occidentale de l'Alberta. Ainsi, dans le reste du territoire canadien, soit les territoires fédéraux (le Yukon, les Territoires du Nord-Ouest et, maintenant le Nunavut), les provinces de l'Atlantique (l'Ile-du-Prince-Édouard, le Nouveau-Brunswick, la Nouvelle-Écosse et Terre-Neuve), le Québec et la Colombie-Britannique, il n'y avait pas eu de tels traités parce qu'on jugeait alors que le Régime français avait éteint les droits des Autochtones avant la conquête de l'Amérique par les Britanniques en 1760. Sur ce fondement, les tribunaux refusaient donc de reconnaître quelque droit ancestral aux Autochtones jusqu'au jugement rendu en 1973 dans l'affaire Calder.

Il faut dire qu'avant 1982 les tribunaux canadiens étaient plutôt appliqués à interpréter la législation strictement, estimant que la définition des droits des Autochtones revenait au législateur et non aux tribunaux. Depuis 1982, la situation a changé fondamentalement. Le rapatriement de la Constitution canadienne marque en effet un moment important dans la reconnaissance des droits des Autochtones au Canada. Pour la première fois, le Canada reconnaît expressément des droits aux Autochtones dans un texte constitutionnel. Leurs droits ancestraux et leurs droits découlant des traités sont désormais confirmés. De plus, la Constitution reconnaît désormais que les Autochtones constituent des peuples. Elle distingue trois peuples autochtones au Canada : les Indiens, les Inuits et les Métis.

Les droits protégés constitutionnellement sont maintenant à l'abri des lois fédérales et provinciales. Cela implique que les lois ne peuvent plus porter atteinte à ces droits. Du moins, les gouvernements doivent désormais justifier toute atteinte à ces droits au moyen de la législation, selon des critères que la Cour suprême du Canada a commencé à définir après 1982. Si les gouvernements ne réussissent pas à établir cette justification, les droits prévaudront et les lois en question ne s'appliqueront pas aux Autochtones. Par exemple, dans l'affaire Marshall qui a défrayé les manchettes de l'actualité à l'automne 1999, la Cour suprême du Canada a décidé que la loi fédérale sur les pêcheries ne s'applique pas aux Micmacs du Nouveau-Brunswick parce que le gouvernement fédéral n'a même pas tenté de justifier le fait que sa législation était nécessaire et devait prédominer sur le droit des Micmacs de pêcher l'anguille, un droit garanti par un traité de 1760. Comme il est protégé constitutionnellement, le droit de pêche des Micmacs découlant du traité de 1760 a préséance sur la loi fédérale qui interfère avec ce droit, étant donné que le gouvernement n'a démontré aucune raison valable de limiter ce droit. Le gouvernement fédéral aurait pu essayer de justifier l'application de la loi fédérale, et l'on ne peut pas préjuger de la décision que le tribunal aurait rendue si le gouvernement avait tenté de le faire.

La situation juridique des Autochtones a donc changé du tout au tout depuis 1982. Ces nouvelles dispositions constitutionnelles

ont donné une assise juridique beaucoup plus solide aux revendications des Autochtones et augmenté en conséquence leurs attentes
en ce qui a trait à la reconnaissance de leurs droits par les Canadiens
en général, de même que par les législateurs et les tribunaux.

Le fondement des droits des Autochtones étant maintenant inscrit dans la Constitution, il était inévitable que l'attitude des tribunaux change. C'est ce qui s'est passé depuis 1982. Qui plus est, la
Cour suprême du Canada a choisi d'adopter une définition large
et libérale, selon ses propres termes, des droits reconnus aux
Autochtones depuis 1982, eu égard au traitement défavorable qui
leur a été réservé historiquement et aux obligations du gouvernement à leur endroit.

Cette reconnaissance constitutionnelle de leurs droits ne semble
pas avoir influencé l'attitude des Autochtones face à la législation en
général. En effet, les lois ne semblent toujours pas les concerner. La
crainte des sanctions rattachées à la transgression des lois ne paraît
pas constituer pour eux une incitation à respecter celles-ci. C'est une
des raisons pour lesquelles les Autochtones ont tendance à plaider
coupables à des accusations portant sur des infractions sommaires
et même sur des actes criminels. Par exemple, dans les cas touchant
la conservation de la faune, face à des accusations qui découlent
d'activités comme la chasse ou la pêche sans permis, la chasse en
dehors des saisons permises par la loi concernant les oiseaux migrateurs, la cueillette d'œufs d'oiseaux migrateurs ou la pêche au
moyen de filets, ils ne nient pas avoir agi de cette manière, ils contestent que cela leur soit interdit, puisque leur propre code de valeurs
le permet.

Le processus judiciaire lui-même n'a pas été conçu de manière
à s'adapter à la réalité particulière des Autochtones ni même à en
tenir compte. Dès qu'ont été adoptées les premières lois régissant les
Indiens, l'administration de la justice a été confiée à des fonctionnaires du gouvernement fédéral, qui ont été investis de fonctions
judiciaires en plus de remplir leurs fonctions administratives ; cela
les a placés dans des situations de conflits, puisqu'ils déposaient une
plainte, décidaient de l'accusation et agissaient en qualité de juge de
ce procès. Un tel système a engendré une méfiance profonde chez
les Autochtones à l'égard de l'administration de la justice. Au conflit

de valeurs évoqué précédemment et à l'imposition d'un système de justice « étranger » s'ajoute la barrière des langues, qui demeure encore aujourd'hui un obstacle qui génère souvent de l'incompréhension. On imagine qu'un Autochtone qui ne parle pas ou ne maîtrise pas le français ou l'anglais (les deux langues officielles au Canada devant les tribunaux) est dépendant de son interprète en plus d'être dépendant de l'avocat qui le représente (lequel peut être un avocat de l'aide juridique qui accompagne la cour itinérante dans plusieurs régions éloignées), avec qui il n'a pas nécessairement eu le temps ou l'occasion d'établir un lien de confiance minimal. Or, les interprètes n'ont pas toujours la formation requise au sujet de leur rôle particulier dans le processus judiciaire et des conséquences des aveux et d'autres témoignages de l'accusé dans ce processus.

Dans le processus judiciaire, l'accusé n'est pas le seul à dépendre de l'interprète; c'est aussi le cas pour le juge lui-même et pour les avocats de la défense et de la poursuite. Ne connaissant pas la plupart du temps la langue maternelle de l'accusé, ces derniers ne sont pas réellement en mesure de juger de l'intervention de l'interprète, ni d'évaluer d'éventuelles pressions qu'exercerait la communauté sur l'accusé. D'où l'importance de mettre l'accent sur une formation adéquate de tous les intervenants engagés dans ce processus afin que les individus et le processus judiciaire lui-même aient un minimum de crédibilité. Diverses initiatives ont engendré la création de services de travailleurs parajudiciaires autochtones. Ces travailleurs autochtones ont comme mission de donner une information de base aux accusés sur la nature de l'infraction ou de l'acte criminel qui leur est reproché, de telle sorte qu'ils comprennent au moins l'essentiel du déroulement du procès et de ses conséquences. Il ne faut toutefois pas croire que cela peut suffire à augmenter la crédibilité du processus. Tous les intervenants, et particulièrement les non-Autochtones, parce qu'ils sont en général dans une position d'autorité dans ce processus, doivent être formés par rapport à ce contexte particulier. Une telle formation doit porter tant sur les droits particuliers des Autochtones dans le régime juridique canadien que sur les valeurs et les règles particulières des diverses communautés autochtones.

Le système judiciaire et ses intervenants apparaissent pour les Autochtones comme l'outil d'un État qui ne reconnaît pas leurs droits. Qu'elle soit justifiée ou non, cette perception suscite dans les communautés autochtones le sentiment que la collaboration avec le milieu judiciaire (du moins en droit pénal et criminel) est considérée comme un pacte avec l'adversaire. Cela conduit souvent les gens à supporter les problèmes à l'intérieur de la communauté plutôt que de risquer de faire condamner l'un des leurs par une justice perçue comme étrangère. Une telle attitude est encore répandue dans plusieurs communautés autochtones.

On observe aussi que les Indiens remettent de plus en plus ouvertement en cause l'autorité des tribunaux appelés à les juger et à trancher les litiges concernant leurs droits. Ils invoquent souvent un droit de souveraineté complète et le droit de propriété de leurs terres traditionnelles, et par conséquent leur non-assujettissement à la Constitution canadienne, contestant ainsi la souveraineté de l'État et la propriété de l'ensemble du territoire canadien par les gouvernements fédéral et provinciaux. Les revendications territoriales actuelles de divers groupes autochtones au Canada ne laissent pas de doute sur l'ampleur du débat engendré par ces revendications.

Les Indiens invoquent également le droit de faire leurs propres lois et de les faire appliquer par leurs propres tribunaux. Cette position, qu'ils ont exprimée lors des conférences constitutionnelles qui se sont déroulées entre 1983 et 1987 et qu'ils reprennent depuis cette époque, vise à faire inscrire dans la Constitution canadienne un troisième ordre de gouvernement, qui soit autochtone, avec ses compétences propres, parallèlement aux gouvernements fédéral et provinciaux. Les conflits portant sur la pêche au homard par les Micmacs de Burnt Church, au Nouveau-Brunswick, en 1999 et 2000, ont de nouveau mis en relief la méfiance des Autochtones envers le processus judiciaire. Les médias ont rapporté qu'au moment de la comparution d'Indiens micmacs accusés relativement à cette pêche et des altercations qui l'ont entourée, certains d'entre eux ont eu des échanges verbaux avec le juge, contestant l'autorité de la magistrature canadienne quant à la détermination des droits des Indiens.

Par ailleurs, les membres du barreau qui ne sont pas autochtones se trouvent dans une situation inédite quand ils représentent des Autochtones. Du moins, ils peuvent facilement apparaître comme une extension de la justice « blanche ». Il est possible d'imaginer que la solidarité entre non-Autochtones jouera forcément tôt ou tard : obligé de choisir, un avocat ou une avocate non autochtone se rangerait du côté de sa société plutôt que du côté de son client. Fondée ou non, cette perception intervient au-delà de la considération dont jouissent les individus en cause. La méfiance qui en découle peut arriver à s'estomper quoiqu'elle ne disparaîtra probablement jamais. Or ce phénomène de méfiance est encore plus accentué quand le procureur est une avocate. Comment se fier à une femme, non indienne, même si on lui reconnaît une compétence technique, quand les femmes de plusieurs communautés autochtones sont exclues des débats concernant la chose publique ? Il m'a été donné pendant longtemps de mesurer l'aspect ironique de la situation dans laquelle les conseils d'une avocate non indienne sont sollicités par des autorités politiques indiennes qui considèrent que les femmes autochtones n'ont pas de place dans le processus politique de décision. Plongée dans un monde où nos références habituelles ne constituent plus des points de repère valables, cela m'a permis de mieux comprendre ce que peut représenter pour un Autochtone le fait d'être soumis au processus judiciaire canadien, processus qui lui est étranger.

On peut penser que ce phénomène se présentera avec moins d'acuité à partir du moment où il y aura plusieurs avocats autochtones. Par contre, on observe déjà un phénomène d'un autre type. Les Autochtones n'hésitent pas, en effet, à recourir à des conseillers et à des procureurs qui ne sont pas autochtones, à cause de leur connaissance du monde dans lequel ils ont à se défendre ; de plus les Autochtones ont souvent un doute, qu'il leur arrive parfois d'exprimer clairement, sur les capacités des leurs à bien les représenter dans un monde qu'ils considèrent comme étranger.

Le problème de la légitimité des lois et, par ricochet des tribunaux, se pose d'une façon aiguë dans un domaine particulier : les Indiens ne bénéficient pas de la protection contre la discrimination dont peuvent se prévaloir les autres citoyens canadiens. La loi fédérale qui accorde des recours en cas de discrimination exclut tout ce qui découle du régime applicable aux Indiens. C'est là un des aspects les moins connus du traitement distinct défavorable qui est réservé aux Indiens du Canada.

L'absence de recours contre la discrimination

Les Indiens ne sont pas protégés comme le sont les autres citoyens canadiens, au niveau fédéral, contre la discrimination. Cette situation unique découle du fait qu'au moment où le Parlement fédéral a adopté la Loi canadienne sur les droits de la personne en 1978, il en a exclu la Loi sur les Indiens et tout ce qui en découle. C'est la seule exception de cette nature qui figure dans cette loi. Ainsi, les Indiens sont les seules personnes au Canada qui ne peuvent se prévaloir de la protection de cette loi. Même les personnes qui sont légalement au Canada dans l'attente de la citoyenneté canadienne bénéficient de cette protection. Cela permet de mesurer à quel point les Indiens sont mis à l'écart du reste de la société, non seulement par les régimes historiques qui se sont succédé, mais également par le régime canadien contemporain.

Durant les débats parlementaires qui ont précédé l'adoption de la loi, le ministre de la Justice avait déclaré, au nom du gouvernement fédéral, que cette exclusion était motivée par les consultations en cours à l'époque avec les Indiens. Il s'était alors appuyé sur le fait que les Indiens avaient demandé qu'aucune modification ne soit apportée à la Loi sur les Indiens sans leur consentement. Les propos du ministre semblent indiquer que le gouvernement fédéral envisageait alors que cette exclusion des Indiens serait temporaire, c'est-à-dire qu'elle prendrait fin lorsque les consultations avec les Indiens sur la Loi sur les Indiens seraient terminées. Ces consultations avaient débuté à la suite de la publication du Livre blanc fédéral en 1969, après que les Indiens eurent commencé à contester la volonté alors exprimée du gouvernement fédéral de transférer son autorité aux provinces.

Le gouvernement fédéral savait, d'autre part, que plusieurs aspects du régime prévu dans la Loi sur les Indiens étaient considérés comme discriminatoires, notamment par les femmes indiennes. En effet, les articles relatifs à l'interdiction de posséder de l'alcool dans une réserve indienne avaient été invalidés par la Cour suprême du Canada parce qu'ils étaient discriminatoires au regard de la Déclaration canadienne des droits. Par contre, la Cour suprême du Canada avait déclaré valide un autre article de cette loi en 1974, refusant alors de reconnaître la discrimination contre les femmes indiennes qui perdaient leur statut en épousant un non-Indien et qui ne pouvaient donc pas le transmettre à leurs enfants, alors que les Indiens qui épousaient une non-Indienne non seulement ne perdaient pas leur statut, mais le faisaient acquérir à leur épouse et le transmettaient à leurs enfants. Ainsi, une Indienne perdait son statut en raison de son mariage alors qu'un non-Indienne acquérait le statut d'Indienne du fait du sien. C'est cette règle que la Cour suprême n'avait pas estimée discriminatoire parce qu'il lui apparaissait qu'elle était appliquée indistinctement à toutes les femmes. La cour n'a pas voulu examiner la question du point de vue de la discrimination résultant du fait que les femmes indiennes étaient traitées désavantageusement par rapport aux hommes indiens. Même après cette décision controversée, cet aspect de la loi est resté très critiqué, et des femmes indiennes l'ont même contesté devant le Comité des droits de l'homme de l'ONU, qui leur a donné raison en 1981. Cette loi a finalement été modifiée en 1985, mais cela n'a corrigé qu'en partie cette discrimination envers les femmes[1].

Les consultations avaient donc été entreprises entre le gouvernement fédéral et les représentants des Indiens sur d'éventuelles modifications à apporter au régime régissant ces derniers. Il semble donc que le gouvernement ait voulu gagner du temps parce qu'il paraissait probable qu'un tribunal aurait considéré plusieurs articles de la Loi sur les Indiens comme discriminatoires, parce que contraires à la nouvelle loi sur les droits de la personne de 1978, ce qui les aurait invalidés. Plusieurs pans de ce régime particulier risquaient alors d'être soumis à l'examen des tribunaux et déclarés

---

1. Nous avons traité de cette question particulière dans notre ouvrage *Le Statut juridique des peuples autochtones en droit canadien*, p. 40 et suivantes.

discriminatoires. Il faut dire aussi que plusieurs porte-parole indiens avaient indiqué clairement qu'ils étaient en faveur des dispositions de la Loi sur les Indiens qui faisaient perdre leur statut aux Indiennes qui épousaient un non-Indien. S'il est un point sur lequel le gouvernement fédéral et les porte-parole nationaux des Indiens s'entendaient, mais pour des raisons totalement différentes, c'est celui-là. Ils faisaient figure d'alliés objectifs dans le maintien du *statu quo* au détriment des femmes. Le gouvernement fédéral ne voulait pas voir son système taillé en pièces par les tribunaux alors que plusieurs chefs indiens estimaient que cette question devait relever de leur propre autorité et non de celle du gouvernement fédéral. Ils l'ont d'ailleurs réaffirmé avec vigueur, notamment lors de la conférence constitutionnelle de 1983 qui a porté en grande partie sur l'égalité des droits des hommes et des femmes autochtones. La solution retenue par le gouvernement a été d'empêcher les tribunaux de trancher des questions aussi délicates, ce qu'il a fait au moyen de l'article 67 de la Loi sur les droits de la personne de 1978.

L'exception formulée dans cet article s'applique tant aux Indiens qu'aux personnes qui ne sont pas des Indiens au sens de la Loi sur les Indiens. Ainsi, ni un Indien ni un non-Indien ne peuvent contester ce régime. Un Indien ne peut pas se plaindre de la discrimination commise à son endroit. Un non-Indien ne peut pas contester que le statut particulier établi pour les Indiens, comme l'exemption de taxes, constitue de la discrimination contre les non-Indiens. De plus, tout ce qui découle de cette loi est exclu : des règlements adoptés par le gouvernement ou par un conseil de bande (la loi prévoit que le conseil de bande peut adopter des règlements administratifs sur divers sujets de nature locale) ainsi que toute action faite par le gouvernement et le conseil de bande dans le cadre de la Loi sur les Indiens.

Ainsi, les Indiens n'ont pas, à titre individuel, de recours quand ils s'estiment victimes de discrimination à cause de l'effet d'un article de la Loi sur les Indiens ou d'un règlement adopté par le gouvernement en vertu de cette loi. Par exemple, l'enfant d'une femme indienne qui aurait épousé un non-Autochtone ne peut contester les articles de la loi actuelle qui lui accordent un statut plus limitatif que celui que la loi accorde à ses cousins dont le père est Indien. Un étudiant indien résidant hors d'une réserve indienne ne pourrait pas contester un programme fédéral de bourses d'études qui limite les candidatures aux Indiens résidant dans une réserve.

Un Indien ne peut pas, non plus, contester l'aspect discriminatoire d'un règlement administratif adopté par le conseil de bande à laquelle il appartient, ni une décision, un programme ou une activité de son conseil de bande qui découle de cette loi. Par exemple, le membre d'une bande ne pourrait pas contester la discrimination qu'entraînent des règles définies dans un code d'appartenance adopté par le conseil de bande en vertu de la loi. De même, un Indien ne pourrait pas contester la décision du conseil de bande qui lui refuserait, pour des motifs discriminatoires, des services d'éducation ou de santé ou bien un logement.

Il n'y a pas que les individus qui soient privés de recours ; les groupes le sont également. Un groupe d'Indiens, représenté ou non par son conseil de bande, n'a pas de recours en vertu de la loi canadienne quand il s'estime victime de discrimination à cause d'une disposition de la Loi sur les Indiens ou d'un règlement adopté en vertu de cette loi, ou à cause d'un programme ou d'une activité du gouvernement fédéral découlant de cette loi. De plus, un groupe d'Indiens qui voudrait contester la discrimination qu'entraînent un règlement administratif adopté par un conseil de bande ou encore une décision, un programme ou toute activité d'un conseil de bande découlant de cette loi est pareillement privé de tout recours fondé sur la Loi canadienne sur les droits de la personne.

Par ailleurs, les personnes et les groupes de personnes qui ne sont pas des Indiens au sens de la Loi sur les Indiens ne peuvent en contester les aspects discriminatoires. Ainsi, les Inuits n'ont pas de recours pour établir que la décision du gouvernement fédéral de ne pas leur appliquer le régime des Indiens, avec des exemptions fiscales, constitue de la discrimination contre eux.

De même, des non-Indiens ne peuvent contester le régime spécial des Indiens sous prétexte qu'il est discriminatoire contre eux et réclamer son abolition. Ces personnes ou ces groupes n'ont pas non plus de recours quand ils s'estiment victimes de discrimination à cause de l'effet de cette loi ou d'une décision, d'un programme ou d'une activité du gouvernement fédéral ou d'un conseil de bande. Il peut s'agir ici de plusieurs catégories de personnes : des personnes qui ne sont pas en relation avec les Indiens, par exemple le public qui voudrait contester les exemptions d'impôts prévues par la Loi sur les Indiens ; des personnes qui sont en relation avec les Indiens sur le plan professionnel, comme une infirmière ou un enseignant non indien engagé par le gouvernement ou un conseil de bande pour travailler dans une réserve indienne ; des personnes qui sont en relation avec les Indiens sur le plan personnel, comme un conjoint non indien ou les enfants d'un Indien ; ou encore des personnes d'ascendance indienne, qui ne répondent pas aux critères requis par la Loi sur les Indiens ou par un code d'appartenance adopté par un conseil de bande, et qui estiment que ces critères sont discriminatoires.

Quand ils ont eu à se prononcer sur cet aspect de la Loi canadienne sur les droits de la personne adoptée en 1978, les tribunaux ont interprété l'exclusion des Indiens de façon stricte. Compte tenu du caractère particulier de cette loi qui vise à assurer la protection de droits reconnus comme fondamentaux, les tribunaux ont interprété l'article 67 de façon étroite. Ainsi, le refus d'un conseil de bande de fournir des services à un homme qui avait été élevé dans la communauté mohawk selon sa culture et sa langue, sous prétexte qu'il n'avait pas 50 % de sang mohawk, a été jugé discriminatoire. Par contre, le tribunal a reconnu que l'article 67 plaçait certaines autres activités de ce conseil de bande à l'abri de la loi parce que ses règles électorales avaient été acceptées par le ministère des Affaires indiennes, ce qui les mettait hors de la portée des tribunaux.

Depuis que la Constitution canadienne a reconnu que les Indiens, les Inuits et les Métis du Canada constituent des « peuples autochtones » et qu'ils détiennent des droits collectifs particuliers à ce titre, soit des droits ancestraux ou des droits résultant des traités signés avec eux, le gouvernement fédéral et les conseils de bande continuent d'être à l'abri de toute poursuite pour cause de discrimination découlant du régime juridique spécial créé par la Loi sur les Indiens, qu'il s'agisse d'une poursuite intentée à titre individuel ou collectif ou par des Indiens ou des non-Indiens.

Dans ce contexte, rien n'incite le gouvernement fédéral à réviser la Loi sur les Indiens pour la rendre conforme à sa loi sur les droits de la personne, d'autant plus que cette exclusion, qui est mal connue du public, n'a jamais fait l'objet de campagne en faveur de son abolition, si ce n'est de la part des femmes indiennes. L'abrogation de l'exclusion des Indiens de la loi canadienne devrait s'accompagner de la révision des politiques fédérales actuelles, entre autres celles qui portent sur les revendications territoriales et l'autonomie gouvernementale des Autochtones, de telle sorte que les ententes conclues avec les conseils de bande et les conseils tribaux prévoient des mécanismes de protection des droits fondamentaux des membres de ces bandes.

Les conseils de bande devraient eux aussi procéder à la révision de leur réglementation interne et de leurs modes de gestion pour en éliminer les aspects discriminatoires et y ajouter des mécanismes de protection des droits fondamentaux des personnes qu'ils représentent ou servent. Ces règles internes pourraient découler des pouvoirs actuels des conseils de bande ou de pouvoirs prévus dans des traités, des accords touchant des revendications territoriales ou des ententes relatives à l'autonomie gouvernementale. Quel que soit le fondement des ententes conclues, elles devraient toutes comporter des dispositions relatives à la protection des droits fondamentaux.

Ces codes internes devraient aussi assurer la protection des Indiens et des non-Indiens qui ont une relation professionnelle ou personnelle avec les Indiens de la communauté. En outre, ils pourraient prévoir des dispositions explicites sur la protection, la promotion et le développement de la culture de la communauté indienne visée, mais ils devraient garantir l'égalité de droits entre les hommes et les femmes.

Le déplacement de populations autochtones

Depuis l'arrivée des Européens en Amérique, les Autochtones ont été de plus en plus relégués à un espace et à une place dans la société qui en ont fait des citoyens dont le statut n'est pas le même que celui des autres citoyens. C'est ce qu'a reconnu le premier ministre du Canada, Pierre Elliott-Trudeau, en 1969, dans un discours prononcé à Vancouver, où il affirmait que les Canadiens n'avaient pas de quoi être fiers de la façon dont ils avaient traité les Indiens du Canada, puisqu'ils les avaient mis à l'écart de la société et en avaient fait une « race » à part. Considérant qu'on était alors à la croisée des chemins, la société avait le choix, selon lui, de continuer à ajouter de la discrimination autour du « ghetto [2] » dans lequel les Autochtones vivent, ce qui aurait probablement pour effet de les aider à préserver certains traits culturels et certains droits ancestraux, ou bien d'en faire des citoyens à part entière. Il est intéressant de noter que le premier ministre a bien compris que le système mis en place présente un double caractère : il est discriminatoire, ce qui prête le flanc à des protestations de plus en plus nombreuses, et il renforce l'identité culturelle distincte des Indiens, ce qui allait à l'encontre de la politique de son gouvernement, qui refusait de reconnaître les droits ancestraux des Indiens.

Le jugement porté par le premier ministre fédéral à l'époque peut s'appliquer à un autre aspect méconnu du traitement différent qui, même s'il n'a pas été nommé ainsi, n'en a pas moins déstabilisé un grand nombre de communautés autochtones, indiennes et inuits tout au long du XXᵉ siècle.

On n'a pas, jusqu'ici, pris la pleine mesure des effets engendrés par des décisions gouvernementales qui ont souvent eu des effets dévastateurs sur des communautés autochtones du Canada. Parmi ces décisions, certaines ont eu des répercussions dont on ne fait qu'entrevoir les conséquences négatives durables qu'elles ont entraî-

---

2. Cité dans *Native Rights in Canada*, sous la direction de P. A. Cumming et de N. H. Mickenberg, 2ᵉ éd., Toronto, Indian-Eskimo Association of Canada/General Publishing, 1972, p. 331.

nées. On parle ici du déplacement de populations autochtones, le plus souvent forcé, ou encore pour des raisons discutables, et même sous de fausse représentations, quand on l'a dit volontaire. Le déplacement d'une population peut être aussi bien forcé que volontaire. Il peut être le fait d'un État ou résulter d'un mouvement collectif de survie. Il peut se produire en diverses situations, aussi bien en temps de paix qu'à l'occasion d'une guerre, et est mis en œuvre pour des raisons politiques, stratégiques ou administratives. Au XXIe siècle, il est difficile de ne pas être conscient des effets négatifs d'un déplacement de population. Le grand nombre de conflits qui se sont déroulés dans le monde au XXe siècle, au cours desquels les cortèges de personnes déplacées ont été télévisés, ont montré les drames individuels et collectifs provoqués par ces mouvements de populations.

En général, on ignore le fait que le Canada a poursuivi, au XXe siècle, une politique de déplacement des populations autochtones. Qui ne se souvient, toutefois, des images transmises par la télévision dans le monde entier, à la fin des années 90, qui révélaient la situation tragique vécue par les membres d'une communauté indienne innue au Labrador ? Il est difficile, depuis, d'associer le nom de Davis Inlet à autre chose qu'aux scènes de désespoir individuel et collectif exprimé par ces images. Ce que ces images ne révélaient toutefois pas, c'est le fait que cette communauté a été l'objet de plusieurs relocalisations durant la deuxième moitié du XXe siècle.

On peut voir dans la politique de relocalisation du gouvernement fédéral un prolongement des politiques de colonisation des siècles passés. Le motif sous-jacent demeure le même : on déplace le plus souvent les Autochtones en vue de satisfaire des besoins de développement ou d'alléger la tâche de l'administration gouvernementale ; on le fait rarement à la demande des Autochtones. Les motifs fréquemment invoqués concernent la volonté d'assurer de meilleurs services aux Autochtones, de les protéger contre la diminution du gibier ou contre les maladies ou encore de les amener plus près d'une ville où ils pourront devenir des travailleurs salariés. Contrairement à la politique antérieure qui cherchait à mettre les Autochtones à l'écart des grands centres, le gouvernement fédéral semblait, à partir des années 50, vouloir désormais les rapprocher des agglomérations non autochtones où ils pourraient plus facilement trouver un travail rémunéré.

Des déplacements de populations ont eu lieu un peu partout au Canada, du Yukon au Labrador, en passant par presque toutes les provinces canadiennes. Dans certains cas, les déplacements ont été effectués contre la volonté exprimée par les Autochtones. Dans d'autres cas, leur consentement a été obtenu formellement, quoique plusieurs groupes d'Autochtones déplacés contestent que les vraies conditions du déplacement et de leur réinstallation leur aient été expliquées. Mais, dans tous les cas, l'accord ou le désaccord des Autochtones n'était pas déterminant, puisque la décision avait été prise au préalable par les autorités. Ironiquement, ces mouvements ont produit l'inverse de la situation recherchée : les communautés autochtones déplacées sont rapidement devenues de plus en plus dépendantes des subsides gouvernementaux.

Certaines opérations ont consisté à regrouper les membres dispersés d'une même nation, comme le déplacement des Micmacs de la Nouvelle-Écosse dans les années 40 : une vingtaine de communautés ont été forcées de se regrouper dans deux réserves désignées par le gouvernement fédéral. Cette « centralisation » imposée aux Micmacs pour des raisons de commodité administrative a entraîné des problèmes de relations entre les nouveaux arrivants et les communautés qui n'avaient pas été consultées au sujet de leur venue. Les réserves de ces deux communautés étaient exiguës et les services y étaient déficients. La surpopulation qui a résulté de cette centralisation a engendré des problèmes sociaux importants, d'autant plus que les perspectives de développement économique liées à l'agriculture ne se sont pas concrétisées, de l'avis même des représentants gouvernementaux. Des protestations ont émané tant des Indiens qui ne voulaient pas quitter leur réserve d'origine que de ceux des communautés qui devaient recevoir les « déplacés ». Même des fonctionnaires ont fini par mettre en doute la volonté réelle du gouvernement de prendre les moyens nécessaires pour mener à terme cette expérience. Le manque de logements, la contamination de l'eau, l'absence de gibier et le refus de plusieurs groupes de résistants de quitter leur réserve d'origine ne sont que quelques-uns des facteurs qui ont fait de cette vaste « expérience » un échec retentissant.

Parallèlement à ces opérations menées à l'échelle de toute une nation, le gouvernement fédéral a procédé à des opérations de plus petite envergure. Par exemple, les Indiens montagnais de Pakuashipi vivaient près de l'embouchure de la rivière Saint-Augustin sur la Basse-Côte-Nord du Québec durant l'été et se déplaçaient dans tout le nord-est du Québec et dans le Labrador durant les autres saisons. Dans les années 60, ces Indiens vivaient toujours dans des tentes et ne recevaient, pour ainsi dire, aucun service de la part du gouvernement fédéral. Ce dernier avait refusé de créer une réserve et d'y construire un village permanent avec des maisons à Saint-Augustin pour cette communauté qu'il estimait trop petite. À cette époque, le ministère des Affaires indiennes a plutôt décidé de déplacer la centaine de Montagnais de Pakuashipi à la Romaine dans une autre communauté de Montagnais qui y vivaient dans une réserve. Ce n'est qu'après que les Montagnais de Pakuashipi sont retournés à pied chez eux avec leurs biens que le ministère a finalement accepté de les installer à Saint-Augustin.

Il est intéressant de noter que plusieurs de ces opérations sont directement liées aux activités de sociétés comme la Compagnie de la Baie d'Hudson, dont les activités d'achat et de vente de fourrures ont amené la création de postes de traite qui ont été déménagés, au gré des époques, selon les migrations des animaux et qui ont finalement été fermés durant la dernière moitié du xxe siècle. Les opérations de déplacement ont ainsi été planifiées par les autorités gouvernementales de concert avec des acteurs déterminants, comme les sociétés d'exploitation des ressources et les autorités missionnaires établies dans les communautés autochtones.

Les motifs sous-jacents au déplacement de populations autochtones étaient également liés à la volonté de développer de nouveaux territoires et des ressources naturelles. Plusieurs projets hydroélectriques, pétroliers, miniers, etc., ont été à l'origine de ces opérations. C'est ainsi que, malgré la promesse faite qu'on n'empiéterait plus sur leurs terres, les Indiens ojibwas saugeens qui vivaient dans le sud de l'Ontario, ont été déplacés de force à plusieurs reprises au xixe siècle à des fins de colonisation et de développement agricole.

En Colombie-Britannique, les Indiens songhees ont été déplacés, au début du xxe siècle, de la réserve qu'ils occupaient à Victoria.

Il faut dire que leur présence dans cette ville semble avoir fait l'objet de plusieurs plaintes de la part de non-Autochtones depuis le milieu du siècle précédent. Le gouvernement fédéral et le gouvernement provincial se sont entendus, en 1910, pour déplacer les Songhees de ces terres de très grande valeur afin de permettre l'agrandissement du port de Victoria.

Dans la même province, la construction d'une centrale hydro-électrique et d'un barrage, par la compagnie Alcan dans les années 50, dans une région où les Indiens cheslattas occupaient une dizaine de réserves, est à l'origine du déplacement de ces derniers parce que le projet prévoyait l'inondation de ces terres. Des membres de cette bande contestent que l'accord donné à ce déplacement soit valide, parce qu'il aurait été obtenu dans un laps de temps très court et par le biais d'élections organisées pour la circonstance. En fait, les inondations étant survenues plus tard que prévu, il semble qu'il n'y avait aucune urgence à procéder de cette façon. De plus, les Cheslattas ont dû affronter des conditions de vie très pénibles là où on les a installés, vivant dans des tentes, touchés par diverses maladies et n'ayant pas obtenu les indemnités, les logements et les terres qu'on leur avait promis. Certains d'entre eux vivaient dans un tel dénuement qu'ils ont été déplacés de nouveau, dispersés dans des terres éloignées de leur terre d'origine et de leurs autres concitoyens. Dans ce cas précis, les Cheslattas ont finalement conclu, en 1993, une entente avec le gouvernement fédéral prévoyant une indemnisation de plus de sept millions de dollars, soit la valeur en 1993 des indemnités que la bande avait compris qu'elle devait recevoir en 1952, et une compensation pour une église et pour les dégâts causés aux cimetières des Cheslattas, emportés par les inondations résultant du projet.

Au Manitoba, le projet hydroélectrique de Grand Rapids, entrepris à la fin des années 50, a également provoqué le déplacement, en 1964, d'Indiens cris et de communautés de Métis, vu l'inondation des terres occupées par certaines bandes cries. Ces Indiens avaient reçu une lettre d'intention du gouvernement du Manitoba en 1960, les avisant qu'ils devraient quitter leurs terres traditionnelles parce qu'elles seraient inondées pendant la réalisation du projet. Le gouvernement fédéral avait déjà tenté d'incorporer les Cris de Chemawawin dans un autre groupe, pour les amener à déménager à l'occasion de la signature du traité n° 5 en 1875, ce qu'ils avaient refusé. Les conditions promises quant aux infrastructures et aux services (par exemple, un dispensaire « semi-moderne ») les auraient amenés à accepter d'être relocalisés dans un site urbain avec des voies d'accès et des installations modernes. Plusieurs facteurs, dont la diminution du gibier dans cette région, ont plutôt contribué à rendre ces Cris encore plus dépendants du gouvernement.

Jusqu'à la fin des années 90, la population canadienne n'était pas vraiment informée de cette réalité, ce qui explique en partie la méconnaissance actuelle des conséquences de ces mouvements de populations. Diverses organisations représentant des Autochtones ont pourtant tenté de faire prendre conscience à la population des effets néfastes de cette politique sur leurs communautés. Leurs protestations et leurs pressions, qui sont consignées dans les archives gouvernementales, n'ont pas donné de résultats, sauf exception. Ce n'est pas avant les années 90 qu'ils réussiront à attirer l'attention de certaines institutions sur ce qu'ils considèrent comme des injustices non résolues.

La Commission canadienne des droits de la personne a mené une enquête entre autres sur deux opérations de déplacement de populations menées vers le milieu du XXe siècle : la relocalisation des Innus Mushuau à l'intérieur du Labrador (Terre-Neuve) et celle des Inuits du Québec et des Territoires du Nord-Ouest dans l'Arctique de l'Est. Ces enquêtes faisaient suite à des plaintes formulées par les groupes indiens et inuits visés, selon lesquels ces déplacements constituaient de la discrimination à leur égard de la part du gouvernement du Canada.

Dans son rapport sur la situation des Innus Mushuau du Labrador rendu public en 1993, un enquêteur indépendant mandaté par la commission en vient à la conclusion que le déplacement répété de ces Indiens constitue une violation de leurs droits fondamentaux. En plus de constater que le gouvernement fédéral n'a pas assumé ses responsabilités envers les Innus Mushuau, après l'entrée de Terre-Neuve comme province dans la Confédération canadienne en 1949, l'enquêteur conclut que le gouvernement fédéral n'a rien fait pour empêcher que ces Indiens soient déplacés pour des motifs qui n'avaient rien à voir avec leurs intérêts.

Que ce soit en raison de la fermeture d'un magasin ou de la volonté de transformer ces Indiens en pêcheurs alors qu'ils avaient toujours été chasseurs, les autorités provinciales de Terre-Neuve ont déplacé les Innus Mushuau sans les consulter formellement, dans un cas, et en leur faisant des promesses qui n'ont pas été tenues, dans l'autre cas. Ces déménagements ont été effectués d'abord en 1948, époque où Terre-Neuve ne faisait pas encore partie du Canada, puis en 1967, bien après son entrée dans la Confédération. Selon l'enquêteur, la négligence du gouvernement fédéral qui n'a pas corrigé la situation intenable créée depuis le déménagement de 1967 le rend directement responsable de la crise sociale exceptionnellement grave que vit cette communauté aujourd'hui. En fait, les Indiens innus du Labrador se sont retrouvés dans les limbes de l'administration gouvernementale, entre les autorités fédérales, d'une part, qui ont omis de leur assurer les services fournis aux autres Indiens ailleurs au Canada, qu'elles étaient constitutionnellement tenues de leur fournir, et les autorités provinciales de Terre-Neuve, d'autre part, qui ont considéré qu'elles n'avaient pas à assumer le coût des services aux populations autochtones vivant dans la province, d'autant plus que les conditions de l'Union de Terre-Neuve conclues, en 1949, pour son adhésion à la Confédération canadienne n'en faisaient pas mention. L'enquêteur estime, en outre, que le refus du gouvernement fédéral de reconnaître le statut d'Indiens aux Innus Mushuau et de leur assurer les services découlant de ce statut constitue de la discrimination.

Dans ce cas-ci comme dans plusieurs autres cas de déplacement de populations, une des prémisses de l'opération était, selon l'enquêteur, la conviction que les Innus devaient devenir des « hommes blancs ». Selon lui, les plaintes et les protestations des Innus n'ont pas été prises en considération, et les mauvaises conditions de logement (l'absence de réseau d'approvisionnement en eau potable, la qualité médiocre des maisons, etc.) ont entraîné une détérioration de la santé physique et mentale des individus ainsi qu'une dégradation radicale de la qualité de la vie dans l'ensemble de la communauté. Les autorités gouvernementales savaient bien que la situation était critique à Davis Inlet, et elles n'ont pas vraiment agi avant que les médias rendent publiques des images brutales de l'état de crise dans lequel se trouvent maintenant les Mushuau, dont les symptômes les plus évidents sont les taux excessivement élevés de suicides, de tentatives de suicide et de consommation de drogues, y compris par des enfants très jeunes.

Trois ans après la publication de ce rapport d'enquête, la Commission royale sur les peuples autochtones en a repris certains éléments dans son rapport final publié en 1996. Dans son analyse de la politique fédérale de déplacement des populations autochtones, la commission examine le cas des Innus Mushuau comme un cas typique de réinstallation qui a produit des effets dévastateurs sur une communauté qu'on a déplacée pour répondre à des besoins de commodité administrative, sous le couvert de motifs humanitaires. Ce n'est d'ailleurs probablement pas par hasard que le gouvernement fédéral a réagi en s'engageant publiquement à prendre des mesures pour le développement économique des Mushuau en 1994, soit après que l'urgence de la situation eut été révélée par les médias à travers des images transmises dans le monde entier et dont le caractère choquant a été souligné par plusieurs.

De nouvelles images tout aussi choquantes sont apparues dans les médias au cours de l'automne 2000, montrant plusieurs dizaines d'enfants intoxiqués aux vapeurs d'essence et vivant abandonnés dans les bois, aux abords du village. Ces images nous obligent à constater que les efforts consentis jusqu'ici n'ont pas suffi pour stopper la dégradation des conditions de vie de cette communauté indienne du Labrador et qu'il faudra faire des investissements massifs en ressources humaines et financières pour y arriver.

Quant à la transplantation d'Inuits du Nord du Québec et des Territoires du Nord-Ouest dans l'extrême Arctique, la Commission canadienne des droits de la personne a également mandaté un enquêteur indépendant pour traiter les plaintes déposées par les autorités politiques représentant les Inuits dans les années 90. En 1991, le rapport de l'enquêteur a conclu que le gouvernement fédéral n'avait pas respecté ses obligations à l'endroit des Autochtones lors de la planification et de l'exécution de ce projet de réinstallation, refusant de prendre les mesures nécessaires pour rapatrier dans leur village d'origine ceux qui en avaient manifesté la volonté, contrairement à l'engagement qu'il avait pris vis-à-vis des Inuits déplacés. De même, le rapport souligne les souffrances endurées par les Inuits lors de ces opérations de déplacement, des souffrances directement occasionnées par le manque d'organisation et de planification. Ces souffrances ont été vécues non seulement par les Inuits déplacés, mais aussi par leurs descendants et par l'ensemble des familles qui ont été séparées par ces opérations. C'est pourquoi l'enquêteur recommandait que le gouvernement s'excuse de ces opérations auprès des Inuits et que, pour en atténuer les effets dévastateurs, il prenne des mesures y compris la relocalisation à ses frais des personnes qui le voudraient.

La documentation colligée par la Commission royale sur les peuples autochtones au sujet de la réalité méconnue de la réinstallation des peuples autochtones au Canada l'a amenée à conclure que le gouvernement fédéral avait poursuivi pendant plusieurs années une politique de déplacements forcés ou décidés par lui, pour diverses considérations. La commission a d'ailleurs accepté, à la demande des Inuits du Canada, de se pencher sur la situation des Inuits déplacés dans l'extrême Arctique et y a consacré un rapport spécial sur les opérations de réinstallation de 1953-1955. Après avoir été informée de ce problème, non résolu selon les Inuits, lors de la série d'audiences publiques régulières qu'elle a tenues sur tout le territoire canadien en 1992, la commission a décidé de tenir des audiences publiques particulières sur ce sujet, à Ottawa en 1993. L'opération de déplacement a été conduite par le gouvernement fédéral en deux temps. Un premier déplacement s'est déroulé en 1953 ; on a alors amené une cinquantaine de personnes, soit sept familles d'Inuits du Nord du Québec et trois familles d'Inuits des Territoires du Nord-Ouest, dans l'île d'Ellesmere (à Craig Harbour) et dans l'île Cornwallis (à Resolute) dans l'Arctique canadien. Un second déplacement a été effectué en 1955 ; une quarantaine de personnes, membres de quatre familles d'Inuits du Québec et de deux familles d'Inuits des Territoires du Nord-Ouest, ont alors rejoint les Inuits déplacés deux ans plus tôt. Les Inuits réinstallés à Resolute ont finalement été rejoints par deux familles venant du Québec et une famille venant des Territoires du Nord-Ouest, quand le gouvernement a renoncé à les installer dans une troisième « colonie » sur la côte est de l'île d'Ellesmere face au Groenland, le bateau qui les y conduisait n'ayant pas réussi à s'y rendre à cause du mauvais temps.

Il faut remettre cette opération gouvernementale dans le contexte juridique de l'époque, où le gouvernement fédéral avait été contraint par la Cour suprême du Canada d'assurer des services publics aux Inuits à partir de 1939. Il n'avait toutefois pas voulu étendre aux Inuits le système des réserves indiennes ; c'est pourquoi il avait choisi, en 1951, de préciser que la Loi sur les Indiens ne s'appliquait pas aux Inuits. Un projet visant à assujettir les Inuits à cette loi, déposé en 1924, avait été retiré devant les protestations de l'opposition à la Chambre des communes, selon qui cela reviendrait à rabaisser les Inuits au rang de pupilles de l'État. Cette position illustre bien la perception du régime destiné aux Indiens à l'époque.

Dès leur arrivée dans l'Arctique, les Inuits déplacés ont protesté contre les conditions extrêmement pénibles qu'ils devaient affronter, n'ayant ni les ressources ni le matériel nécessaires pour vivre dans ce milieu nouveau pour eux. Ils se sont élevés contre la séparation des familles à l'arrivée, qui ne leur avait pas été annoncée, et contre le refus du gouvernement de les ramener chez eux, malgré ce qu'il leur avait promis. La cohabitation des Inuits du Québec et de ceux des Territoires du Nord-Ouest a été difficile à cause de différences culturelles ; en outre, on avait présenté le déplacement aux Inuits des Territoires du Nord-Ouest comme une initiative visant à leur donner l'occasion de venir en aide aux Inuits du Québec, qu'on leur avait dépeints comme des assistés sociaux.

Les Inuits ont toujours considéré qu'ils avaient servi à concrétiser la souveraineté du Canada dans l'Arctique, alors que le gouvernement du Canada a toujours insisté sur le caractère humanitaire de ces opérations, à la suite de la baisse du gibier et de la surpopulation des Inuits dans le Nord du Québec. Les rapports qui ont examiné cette question depuis quelques années, à la demande de l'une ou l'autre partie, concordent sur deux points. Premièrement, des lacunes dans la planification et dans la réalisation de ces déplacements ont occasionné, non seulement aux Inuits déplacés, mais aussi à leur communauté d'origine, des problèmes qui ont laissé des traces même chez les descendants des personnes en cause. Deuxièmement, le gouvernement du Canada n'a pas tenu certaines promesses qu'il avait faites aux Inuits déplacés. C'est probablement ce qui l'a conduit à conclure, en 1996, une entente de réconciliation avec les Inuits du Nord du Québec déplacés dans les années 50.

L'ampleur des opérations de déplacement de populations effectuées au xxe siècle est probablement l'élément qui surprend le plus. Les quelques exemples donnés précédemment en témoignent. Les mobiles avoués ou non de ces mouvements laissent également songeur. La Commission royale sur les peuples autochtones a donc apporté son soutien aux nombreuses demandes formulées depuis plusieurs décennies par les Autochtones eux-mêmes et recommandé la tenue d'enquêtes exhaustives menées par une instance indépendante (la Commission canadienne des droits de la personne) et l'adoption de mesures de réparation, sous forme d'excuses, d'indemnisations et de mesures de prévention face aux préjudices subis par les individus et les communautés déplacés. En réclamant que le gouvernement fédéral reconnaisse sa responsabilité à cet égard, à savoir que les réinstallations, telles qu'elles ont été pratiquées, ont violé les droits fondamentaux des Autochtones, la commission va dans le sens de ce qu'exigent les Autochtones depuis plusieurs années. Selon elle, la reconnaissance des effets négatifs de cette politique et de la responsabilité gouvernementale est un préalable à l'amorce d'un indispensable processus de guérison.

Dans la déclaration de réconciliation précédant le plan d'action qu'il a rendu public en 1998 en réponse aux recommandations de la Commission royale sur les peuples autochtones, le gouvernement fédéral estime qu'il est nécessaire de reconnaître les conséquences désastreuses de certaines actions gouvernementales sur les nations autochtones. La relocalisation des peuples autochtones est citée comme un exemple d'initiatives qui ont provoqué la fragmentation, la perturbation et, dans certains cas, l'anéantissement de ces communautés. Le gouvernement fédéral n'a toutefois pas donné suite à la recommandation visant à confier à la Commission canadienne des droits de la personne la responsabilité de mener une enquête sur toute plainte déposée relativement au déplacement d'une population. Il faut prévoir que les pressions et les recours divers conti-

nueront, d'autant plus que l'enquêteur de la Commission canadienne des droits de la personne a conclu que le gouvernement fédéral a manqué à son obligation de fiduciaire à l'endroit des Autochtones, vu la façon dont il a réalisé le déplacement des Inuits dans
l'Arctique au cours des années 50.

L'obligation de fiduciaire force le gouvernement fédéral à rendre
compte devant les tribunaux de l'autorité discrétionnaire qu'il
exerce sur les Autochtones. Depuis 1984, date à laquelle les tribunaux
lui ont imposé cette obligation, le gouvernement fédéral ne peut
plus agir en toute impunité à leur égard. Il doit ainsi prendre en
considération les intérêts des Autochtones et non seulement les siens
propres. S'il est prouvé qu'il ne le fait pas, le gouvernement pourra
être contraint à verser des indemnités aux Autochtones.

Dans le cas des Innus Mushuau du Labrador, l'enquêteur mandaté par la Commission canadienne des droits de la personne en est
venu à la conclusion que le gouvernement fédéral a manqué à son
obligation de fiduciaire en négligeant, pendant près de cinquante
ans, de leur fournir des services équivalents à ceux qu'il offrait aux
autres Autochtones du Canada. Il est donc à prévoir que des
Autochtones auront recours aux tribunaux pour obtenir des indemnités afin de compenser les dommages qu'ils ont subis à cause des
opérations de déplacement.

CHAPITRE 3

Le refus des Autochtones de demeurer confinés à la place qu'on leur a assignée

À toutes les époques de l'histoire du continent américain, on trouve des traces du refus des Autochtones de se laisser régir par d'autres règles que les leurs. Ce refus s'est exprimé sous toutes sortes de formes jusqu'à nos jours. Depuis le milieu du XXᵉ siècle, il a été centré sur la volonté de ne plus laisser les autres définir les moindres aspects de leur vie individuelle ou collective. Selon eux, il faut revoir l'histoire afin de corriger la description caricaturale qu'on y a faite des Autochtones et d'y introduire leur point de vue. Les torts que leur a causés le régime particulier qui leur est appliqué doivent être reconnus et les Autochtones doivent être indemnisés. De plus, les traités historiques signés avec les Autochtones doivent être respectés et ceux qui n'ont pas été appliqués d'une manière ou d'une autre doivent être mis à jour et appliqués. Même les accords contemporains comme la convention de la baie James et du Nord québécois sont une source de litiges. Les recours judiciaires sont de plus en plus utilisés pour pallier l'absence de reconnaissance politique. Non seulement les Autochtones veulent s'affranchir de la tutelle, mais ils veulent que soit reconnu leur droit d'établir leurs propres institutions. Enfin, les Autochtones s'attendent à ce que la société finisse par assumer les conséquences désastreuses des déplacements de populations indiennes et inuits qui ont eu lieu dans toutes les régions du Canada.

Une relecture de l'histoire

Les Autochtones estiment que, depuis leurs premiers contacts avec les Européens qui sont venus en Amérique, le compte rendu de leurs relations avec les Blancs les dépeint d'une manière peu favorable, voire caricaturale. Leur point de vue semble n'avoir jamais compté puisqu'on ne l'a transmis que de façon marginale. Les documents historiques sur lesquels sont fondés, entre autres, les manuels d'histoire ont décrit ces relations du seul point du vue des colonisateurs. Les archives gouvernementales et parlementaires reflètent l'expression des élus des régimes successifs ainsi que les préjugés sous-jacents aux entreprises de colonisation. Dans l'application et l'interprétation des lois, les tribunaux ont nié les droits des Autochtones en acceptant la perception colonialiste à leur endroit.

Tout cela traduit la conception colonialiste selon laquelle les races supérieures, c'est-à-dire européennes, avaient le devoir de civiliser les races inférieures, soit toute civilisation dite païenne située sur des terres convoitées au cours des siècles par les puissances européennes. Les missionnaires ont repris cette conception en l'adaptant à leur mission propre : la colonisation était un moyen d'évangélisation des indigènes, ce qui les sortirait de leur condition de peuples idolâtres pour les faire accéder au salut éternel. Ce « devoir » de colonisation de l'Amérique était issu de la conviction de la supériorité des civilisations européennes et du regard condescendant posé sur les civilisations non européennes, conviction s'appuyant entre autres sur le progrès incessant qui résultait de l'avancement des connaissances scientifiques des Européens.

Les peuples visés par les entreprises de colonisation et d'évangélisation, prétendument fondées sur de nobles motifs, n'auraient finalement pas d'autre choix que d'en reconnaître la nécessité et le bien-fondé. Les archives parlementaires et gouvernementales, les manuels d'histoire et les jugements des tribunaux contiennent de nombreux témoignages de la persistance d'une telle conviction même à notre époque. Nous n'avons pas encore saisi l'occasion de réexaminer les thèmes fondateurs de ce qui est maintenant l'Amérique en général et le Canada en particulier. Nous semblons toujours considérer que les Autochtones sont lents à se rendre compte des mérites de nos progrès scientifiques et qu'ils sont malvenus de les bouder.

C'est justement aux relents d'une telle conception que les Autochtones s'attaquent quand ils accusent le Canada d'être un État colonisateur. Ils refusent de s'entendre répéter qu'il n'en tient qu'à eux de prendre enfin le train du progrès et d'oublier leurs vieilles récriminations à propos des mauvais traitements que l'histoire leur a réservés. Ils trouvent simpliste l'argument selon lequel, comme nous n'y étions pas, et puisque cela remonte à la nuit des temps, nous ne sommes pas responsables de cette situation, même si nous pouvons la déplorer. De toute manière, ce sont peut-être nos ancêtres français ou britanniques qui ont agi ainsi, mais certains diront qu'en fait les ancêtres anglais ont fait mieux que les ancêtres français, alors que d'autres prétendront le contraire.

Les Autochtones réclament d'abord que leur point de vue soit entendu. Pour eux, les problèmes posés par le manque de documents historiques relatant directement la version des Autochtones ne doivent pas nous empêcher de réexaminer l'histoire en rétablissant les faits d'une façon qui rende compte de l'apport des Autochtones à la société qui est devenue la société canadienne du XXIe siècle. Selon les Autochtones, une véritable relecture de l'histoire permettra de corriger l'image essentiellement négative qui s'est développée dans l'esprit de la population. Certains d'entre eux croient qu'un réexamen des documents historiques pour en extraire la vision autochtone constituerait une tâche minimale vu l'absence de sources historiques autochtones. Malgré le fait que les documents ont été écrits par les Européens et qu'ils seront donc toujours incomplets, il est possible, selon eux, de les analyser dans une perspective qui permette de dresser un portrait plus juste des Autochtones. Pour d'autres à l'inverse, les sources historiques sont totalement biaisées et ne peuvent donc servir de base à l'établissement d'un portrait fidèle des Autochtones. Seuls les Autochtones peuvent parler en leur nom. Pour remédier au manque de sources primaires autochtones, il faut remplacer les sources historiques actuelles par la relation d'une « autohistoire » qui sera faite par les descendants contemporains des Autochtones qui se trouvaient en Amérique au moment du contact avec les Européens.

Cela a amené la Commission royale sur les peuples autochtones à dire que « tant que les Canadiens n'auront pas appris à connaître l'histoire du Canada telle que la connaissent les Autochtones, les blessures subies par ces derniers continueront de s'envenimer, exacerbées par un sentiment de honte et d'impuissance devant leur propre vulnérabilité[1] ».

Les partisans d'une autohistoire amérindienne croient que les Autochtones ont eu une influence plus grande sur les Européens venus s'installer en Amérique que l'inverse. Selon eux, l'être culturel autochtone américain est toujours vivant et il est appelé, en cette période de crise des valeurs dans les sociétés occidentales, à devenir le phare des Euro-Américains, qui devront abandonner leurs valeurs antiécologiques. La « renaissance » de la pensée autochtone serait un phénomène visible sur tout le continent américain et son ampleur augmenterait en proportion du développement de la conscience écologique à l'échelle mondiale. La conception autochtone du « cercle sacré de la vie » consisterait à reconnaître l'interdépendance de tous les êtres vivants et à établir en conséquence des relations égalitaires avec les autres êtres de la création, ce qui favoriserait l'abondance, l'égalité et la paix sur la terre.

Cette conception s'oppose à la conception dite évolutionniste hiérarchique selon laquelle les êtres sont inégaux et éventuellement remplacés par d'autres êtres plus adaptés à l'évolution. Pour les tenants d'une autohistoire amérindienne, la science historique doit abandonner son approche basée avant tout sur l'étude des documents et des objets, et comprendre enfin qu'elle doit s'intéresser aux Autochtones, qui ont laissé relativement peu d'écrits, et à leur tradition orale. Les valeurs amérindiennes étant toujours bien vivantes, la science historique ne peut plus les ignorer, sinon elle reproduira ses préjugés à l'endroit des sociétés sans tradition écrite. Pour être juste, l'histoire devra interroger les idées et les sentiments des gens qui forment ces sociétés aujourd'hui. Alors seulement, l'histoire aura contribué à réparer les torts qu'elle a causés au fil des siècles aux sociétés amérindiennes.

---

1. *Rapport de la Commission royale sur les peuples autochtones*, vol. 1, *Un passé sans avenir*, Ottawa, Ministère Approvisionnements et Services Canada, 1996, p. 8.

La volonté des tenants de cette conception de refaire l'histoire à partir des témoignages des descendants des Autochtones pose des problèmes méthodologiques majeurs. Par exemple, quelle valeur pourrait-on attribuer à un témoignage contemporain qui viendrait contredire des documents historiques? Ou encore, comment est-il possible de concilier la conception des sociétés autochtones dépeintes comme une sorte de modèle idéal de société et les récits historiques faisant entre autres le compte rendu des guerres entre les diverses nations autochtones qui luttaient pour le contrôle du continent américain au moment où les Européens les y ont rencontrés?

Quoi qu'il en soit, ce courant de pensée chez les Autochtones traduit très clairement leurs réactions à leur marginalisation et leur volonté que soient enfin reconnues les diverses facettes de leur contribution à l'édification du pays qu'est devenu le Canada. J'ai déjà eu l'occasion de dire qu'une relecture de l'histoire me paraît nécessaire. Il ne s'agit pas de réinventer les événements historiques documentés, mais il y a lieu de regarder d'un autre œil ces événements, pour tenter d'en dégager la perspective autochtone et non plus la seule perspective européenne. Cette relecture requiert une réinterprétation de l'histoire à la lumière de l'évolution qu'a connue notre compréhension de l'être humain.

On ne peut nier aujourd'hui que la conception historique des Autochtones retenue par les sociétés européennes reposait sur des théories qui cherchaient à justifier leurs visées colonisatrices et leurs intérêts. Cette conception du monde a également permis aux colonisateurs de justifier leurs atteintes à l'intégrité de ces sociétés, qui sont allées jusqu'à la destruction dans certains cas. Dans cette logique, on ne saurait s'étonner du fait que les documents historiques qui rendent compte de cette conception aient donné un rôle nettement avantageux aux Européens et aient négligé de souligner les aspects qui auraient pu ternir ce rôle. La relecture de l'histoire est d'autant plus nécessaire que les récits historiques ont contribué à la marginalisation des Autochtones par le biais du portrait caricatural qu'ils en ont souvent donné.

La reconnaissance et la réparation des torts causés

Les Autochtones veulent que cette relecture de l'histoire soit accompagnée de la reconnaissance des torts qui leur ont été causés et ils estiment que les auteurs de ces torts doivent en assumer pleinement la responsabilité. Le régime particulier qui leur a été réservé a entraîné l'effritement de leurs cultures, ce qui a engendré une désintégration sociale qui se poursuit. On a vu que la légitimité des gouvernements au Canada est sérieusement entachée notamment parce que les Autochtones ont longtemps été privés du droit fondamental de voter. Après cinq années de travaux et d'audiences publiques menées partout au Canada, la Commission royale sur les peuples autochtones a observé en 1996 que ceux-ci « contestent vigoureusement la légitimité du pouvoir que le Canada exerce sur eux[2] ». La contestation du régime canadien par les Autochtones ne repose pas seulement sur les droits dont ils ont été privés, mais elle porte également sur le fait qu'une panoplie de mesures ont été adoptées à différentes époques et jusqu'à ce jour ; dont l'effet cumulatif a laissé plusieurs communautés exsangues.

Dans le cas des Indiens en particulier, certaines mesures visaient les communautés, comme celles qui avaient pour but d'écarter les structures politiques traditionnelles des Autochtones et d'empêcher la tenue de manifestations culturelles, sous peine de poursuites judiciaires. D'autres mesures recherchaient l' « émancipation » forcée des individus ; par exemple, l'on privait de son statut une femme indienne qui épousait un non-Indien, alors que ce n'était pas le cas pour son frère qui épousait une non-Indienne. Certaines autres mesures d'éducation ont comporté l'imposition d'une langue étrangère (l'anglais ou le français selon les communautés religieuses qui s'en sont chargées) à des enfants qu'on a retirés en bas âge de leurs familles pour les faire instruire dans des pensionnats, dont on sait aujourd'hui qu'ils ont été le théâtre d'abus et de sévices, qui ont été révélés il y a quelques années seulement.

---

2. *Rapport de la Commission royale sur les peuples autochtones*, vol. 1, *Un passé un avenir*, Ottawa, Ministère des Approvisionnements et Services Canada, 1996, p. xxv.

En fait, les Indiens reprochent aux autorités politiques et religieuses d'avoir adopté une politique d'assimilation en sortant de leur communauté, souvent contre la volonté de leurs parents, des enfants en bas âge pour les emmener loin de leur milieu et en les maintenant de force dans des pensionnats. Dans ces endroits, l'usage de leur langue maternelle et leurs pratiques culturelles et sociales étaient interdits, et toute transgression était sévèrement, voire brutalement, réprimée. Pendant leur passage obligé dans un pensionnat, de nombreux enfants ont été victimes d'agressions et d'abus physiques et sexuels qui ont engendré des maux souvent inguérissables. Plusieurs victimes ont grandi dans le silence et la honte, d'autant plus que le voile n'a été levé que récemment sur ces sévices qui ont eu cours dans ces pensionnats de la fin du XIXᵉ siècle jusqu'aux années 80. D'ailleurs, on commence à peine à documenter les conditions qui ont prévalu dans ces pensionnats. Les communautés dont ces individus sont issus ont également souffert, parce que les séquelles qui ont découlé de tels sévices ont empêché nombre d'individus de jouer un rôle actif dans leur milieu.

Toutes ces mesures ont laissé des marques profondes chez les individus et au sein des communautés, qui acceptent de moins en moins que cela soit traité comme des erreurs administratives regrettables d'un passé révolu. Ils refusent de passer à autre chose sans que le tort qui leur a été fait soit reconnu par les autorités responsables. Ils ne se contentent plus de la retenue extrême avec laquelle les autorités tant politiques que religieuses ont abordé cette question depuis un demi-siècle. La circonspection dans le choix des termes, en fonction des coûts politiques et juridiques qui y sont associés, ne leur convient plus. Ils ne se satisfont plus du type de règlement que les différentes autorités entendent définir selon leurs intérêts à elles. Le déferlement, depuis quelques années, de poursuites judiciaires intentées par des individus et des groupes contre le gouvernement fédéral et diverses communautés religieuses, qui ont longtemps été responsables de leur éducation, en est un témoignage éloquent.

Les Autochtones refusent que cette situation passe inaperçue maintenant qu'ils ont transgressé le tabou du silence. Ce sont eux, en effet, qui ont fini par révéler les aspects pervers de cette entreprise d'éducation. Il faut dire que l'annonce au début des années 90 par le grand chef de l'Assemblée des Premières Nations, Phil Fontaine, du Manitoba, qu'il avait été victime de tels sévices dans un pensionnat lorsqu'il était enfant avait provoqué l'émoi. Divers rapports d'évaluation de ce système d'enseignement en avaient signalé les lacunes importantes, mais ne traitaient pas de la question des abus. Tout ce système était désormais mis au jour et ses responsables étaient épinglés pour l'avoir constitué et maintenu en connaissance de cause.

Pour les Autochtones, le fonds de guérison de 350 millions de dollars créé par le gouvernement fédéral pour venir en aide aux victimes de sévices dans les pensionnats représente une réponse qui n'est ni satisfaisante ni suffisante. L'annonce de ce fonds, en janvier 1998, dans le contexte de la réponse du gouvernement aux recommandations de la Commission royale sur les peuples autochtones, qui a examiné en détail cette tragédie, était accompagnée de l'expression d'une déclaration de réconciliation présentée par le gouvernement fédéral aux Autochtones. Selon le gouvernement du Canada, il est essentiel de guérir les plaies que le passé a laissées chez les peuples autochtones. C'est pourquoi il exprimait aux peuples autochtones ses plus « profonds regrets » pour ses gestes passés qui ont « contribué aux difficiles passages de l'histoire de nos relations[3] », y compris pour son rôle dans la création et la gestion des pensionnats.

La combinaison d'un montant relativement peu important, compte tenu de l'ampleur des dommages occasionnés, et d'un choix de mots qui se limitaient à des regrets plutôt qu'à des excuses a irrité les Autochtones. Le gouvernement fédéral a jusqu'ici refusé de présenter des excuses aux Autochtones, invoquant les conséquences juridiques que cela aurait pour les procédures judiciaires entamées contre lui et le fait que cela susciterait probablement de nouvelles poursuites. Les Autochtones, eux, se rappellent que le gouvernement du Canada s'est excusé publiquement des mauvais traitements qu'ont subis, durant la Seconde Guerre mondiale, les Canadiens

---

3. *Rassembler nos forces: le plan d'action du Canada pour les questions autochtones*, Ottawa, Ministère des Affaires indiennes et du Nord canadien, 1997, p. 5.

d'origine japonaise. Ils estiment qu'il devrait en faire autant dans leur cas, et que des excuses devraient porter non seulement sur les torts causés dans les pensionnats, mais aussi sur les effets néfastes de la politique générale d'assimilation qu'il leur a imposée.

Il faut dire aussi que, le jour même de l'annonce de l'instauration d'un fonds de guérison de 350 millions de dollars, le gouvernement fédéral déclarait qu'il acceptait de verser la somme d'un milliard de dollars pour annuler un contrat de construction d'hélicoptères, annulation qui avait fait l'objet d'un engagement électoral de la part du premier ministre du Canada. L'écart entre ces deux montants a semblé refléter le poids relatif que ce gouvernement accordait à ces deux questions. Cela n'a pu être perçu autrement que comme un raté dans une opération de relations publiques et un manque de sensibilité à l'endroit des Autochtones. Tout autant que la réparation des torts qui leur ont été causés, le respect des engagements pris par les gouvernements dans les traités signés avec eux représente un enjeu crucial pour les Autochtones.

Le respect des traités anciens

Tout en visant à assujettir les Autochtones, les diverses nations européennes ont dû composer avec une situation qui leur échappait à leur arrivée en Amérique. Tant que les Autochtones ont représenté une force politique et militaire, les Français et les Britanniques ont conclu des traités avec eux parce qu'ils avaient besoin d'eux dans leurs entreprises respectives d'établissement en Amérique. Ils ont dû s'allier à eux pour obtenir leur aide ou ils ont voulu les inciter à se tenir à l'écart des conflits entre Européens. Ils se sont également alliés à eux pour soutenir certaines nations autochtones dans leurs guerres contre d'autres nations autochtones. Ces alliances se sont souvent concrétisées par des traités dits de paix et d'amitié. Ces traités diffèrent de ceux qui ont été conclus ultérieurement au XIXᵉ et au XXᵉ siècle, en ce sens qu'ils ne comportaient aucune cession de droits de la part des Autochtones.

Les traités de cession sont apparus au Canada surtout après que la guerre de l'Indépendance américaine (1775-1782) eut pris fin, ce qui a provoqué au Canada une vague d'immigration de loyalistes qui fuyaient les États-Unis. Cette vague s'est surtout fait sentir en Ontario, où la Grande-Bretagne a signé des traités avec des Indiens par lesquels ils cédaient leur titre ancestral sur leurs terres traditionnelles, là où on voulait installer les loyalistes. C'est ainsi qu'ont été signés le traité de Manitoulin, en 1836, et les traités Robinson-Huron et Robinson-Supérieur, en 1850.

Après la création de la Confédération en 1867, le Canada a poursuivi la politique impériale britannique, prévue notamment dans la Proclamation royale de 1763, en signant des traités avec les Autochtones par lesquels ces derniers cédaient leurs droits territoriaux sur leurs terres traditionnelles. En retour, le gouvernement fédéral créait des réserves pour les groupes signataires des traités et leur versait des indemnités, sous forme de rentes annuelles, lesquelles étaient peu importantes, vu l'immensité des territoires désormais libres du titre autochtone. Dans certains cas, les traités prévoyaient la fourniture de services médicaux ou de matériel médical ou encore d'équipement agricole, d'autant qu'à cette époque on voulait sédentariser les Indiens qui étaient encore nomades, pour en faire des agriculteurs. Treize traités ont ainsi été signés par le Canada entre 1867 et 1930, dont les 11 traités numérotés, avec divers groupes autochtones situés dans des territoires allant de l'Ontario jusqu'au nord de la Colombie-Britannique et dans une partie du Nord et du Nord-Ouest du Canada. Ces traités ont été signés par le gouvernement fédéral avant la création de certaines provinces de l'Ouest.

Les Canadiens ont tendance à minimiser la valeur actuelle de ces traités. Ils ne voient pas pourquoi ils devraient toujours être liés par ces documents historiques, d'autant plus que ces derniers attestent d'une époque révolue, puisque la situation politique et économique actuelle des Autochtones est très éloignée de la position de force dans laquelle ils se trouvaient au moment de la signature de ces traités. D'ailleurs, on observe souvent une grande réticence face à la reconnaissance d'une valeur juridique quelconque des documents historiques qui concernent les Autochtones. Ce phénomène est d'autant plus frappant que peu de gens, au Canada, mettent en doute des textes historiques constatant la capitulation de Québec, en 1759, et la capitulation de Montréal, en 1760, ou bien le traité de

Paris qui a suivi, en 1763, par lequel la France a cédé l'Amérique à la Grande-Bretagne. Quant à la Proclamation royale de 1763 adoptée par le roi de Grande-Bretagne conséquemment à la signature du traité de Paris, comment la partie du texte qui organise l'administration des territoires nouvellement cédés aurait-elle une valeur alors qu'une autre partie qui reconnaît des droits aux « nations de sauvages » n'en aurait pas ?

Pour les Autochtones, au contraire, ces traités doivent être considérés comme tout à fait valides et doivent donc être appliqués. Par contre, selon eux, plusieurs problèmes se sont toujours posés au sujet de ces traités. Le processus même de négociation et de conclusion de ces traités a fait l'objet de critiques acerbes de la part des Autochtones, ne serait-ce que parce qu'ils contestent le fait que les signataires autochtones aient véritablement mesuré les conséquences juridiques de leur signature. Ceux-ci étaient nettement désavantagés par le fait que la langue dans laquelle se déroulaient ces négociations n'était pas leur langue maternelle. De plus, rien ne leur permettait de s'assurer que les textes qui ont précisé les ententes entre les parties reflètent les consensus réellement établis lors de ces négociations, puisqu'ils étaient rédigés en anglais. En outre, le régime juridique canadien de propriété des terres ne leur était pas familier. Enfin, ils ont cru à la parole des représentants du gouvernement canadien, alors que dans bien des cas les engagements pris par le gouvernement dans les traités n'ont pas été remplis. Pour les Autochtones, il importe aujourd'hui de revenir à cette forme de relation formelle qu'est le traité entre nations. Selon eux, la reconnaissance des droits découlant des traités dans la Constitution, depuis 1982, confirme la valeur juridique contemporaine de ces engagements historiques.

Il importe également, selon les Autochtones, de corriger les négligences passées en appliquant les traités qui n'ont pas été respectés. Les archives gouvernementales contiennent de nombreux exemples de traités qui n'ont pas été respectés et de l'expression, à diverses époques depuis la signature des premiers traités, du désaccord des Autochtones à cet égard. Leurs représentations constantes auprès du gouvernement fédéral ont d'ailleurs amené celui-ci à adopter, en 1973, une politique de règlement de ce contentieux. Cette politique, dite des revendications particulières, touche les réclamations des Indiens fondées sur la mauvaise gestion de leurs terres et sur le non-respect des traités signés avec eux. Désormais, le gouvernement fédéral se considère comme tenu de régler les litiges quand il sera établi qu'il a failli à l'une de ses « obligations légales », comme dans le cas du non-respect d'un traité ou d'un accord signé avec les Indiens.

Dès son adoption, cette politique a été très critiquée par les Indiens, entre autres parce qu'ils reprochaient au gouvernement fédéral d'agir comme juge et partie dans ce processus. En effet, le gouvernement approuve ou non le financement d'une revendication, il juge de son bien-fondé, il définit les paramètres de la négociation d'une revendication qu'il estime fondée et du contenu du règlement tout en étant l'autre partie à la négociation. Malgré quelques modifications apportées, dont la création d'une Commission des revendications des Indiens, qui examine les revendications rejetées par le gouvernement fédéral et qui transmet à celui-ci les résultats de son analyse sous forme de recommandations, cette politique est toujours en vigueur et fait toujours l'objet des mêmes critiques. Des pressions s'exerceront de plus en plus afin que soit créé un véritable tribunal des revendications, indépendant et impartial, chargé de trancher ces litiges.

Deux exemples donneront une idée de l'ampleur des litiges potentiels à ce chapitre. Le premier concerne des Indiens de la Saskatchewan et le second a trait aux Hurons-Wendats du Québec. Un accord tripartite est intervenu, en 1992, dans le cadre de cette politique fédérale entre le gouvernement du Canada, le gouvernement de la Saskatchewan et des bandes indiennes vivant dans cette province. Cet accord tripartite vise à corriger des négligences dans l'application des clauses de divers traités signés par le gouvernement fédéral en 1874 (traité n° 4), 1876 (traité n° 6) et 1906 (traité n° 10). Ces traités prévoyaient que des terres d'un mille carré par famille de 5 personnes ou de 160 acres par Indien seraient attribuées aux bandes signataires de ces traités, ce qui n'a pas été fait intégralement. La province de la Saskatchewan, qui a été créée par une loi fédérale en 1905 (soit après la signature des deux premiers traités et avant celle du troisième traité), est partie à l'accord tripartite de 1992 parce que la propriété des terres lui a été transférée par le gouvernement fédéral en 1930, à la condition que la province mette à la disposition du gouvernement fédéral, à sa demande, les terres nécessaires pour respecter les engagements que ce dernier a pris dans le cadre des traités signés avec les Indiens. Ces terres passent alors sous l'administration du gouvernement fédéral quoiqu'elles demeurent la propriété de la province. La province de la Saskatchewan devait alors, en vertu de l'entente, transférer les terres qui avaient été promises par ces trois traités et qui n'avaient pas été attribuées aux bandes indiennes en question.

Étant donné que, dans ce cas précis, il n'y avait plus suffisamment de terres disponibles pour respecter les engagements pris par le gouvernement lors de la signature des traités, les parties ont convenu que les bandes recevraient des indemnités basées sur un calcul complexe établi, notamment, à partir de la superficie des terres qu'elles auraient dû recevoir il y a plus d'un siècle, d'un facteur d'équité et de l'accroissement de la population des vingt-quatre communautés touchées. Dans le préambule de l'entente, le gouvernement canadien reconnaît que des obligations découlant de ces traités n'ont pas été remplies et qu'il faut maintenant y voir au moyen d'un dédommagement total convenu de 427 millions de dollars. Les Indiens de la Saskatchewan ont ainsi été privés, pendant plus d'un siècle, de terres que le gouvernement s'était engagé à leur transférer en échange de la cession de leurs droits ancestraux, alors qu'on sait que les terres de réserves attribuées par les traités représentaient une superficie infime par rapport à la superficie des terres ancestrales cédées par les Autochtones. Ces terres sont irrémédiablement perdues, même si les Indiens ont été indemnisés de cette perte un siècle plus tard.

C'est également dans le cadre de cette politique que le gouvernement fédéral a indemnisé la nation huronne-wendat vivant au Québec en raison de l'aliénation illégale d'une réserve de 40 arpents que les jésuites avaient donnée aux Hurons-Wendats en 1742. Ces terres furent cédées au gouvernement fédéral par les Hurons-Wendats en 1904, moyennant le versement d'une indemnisation. On a considéré que cette cession était illégale parce que le ministère des Affaires indiennes n'a pas respecté les exigences de la loi fédérale relatives au référendum à tenir, parmi la population indienne, avant qu'une bande indienne ne cède une partie de ses terres à l'intérieur d'une réserve. Plusieurs municipalités se sont développées par la suite sur les terres ainsi cédées, dans la banlieue de Québec, ce qui rendait la restitution aux Hurons-Wendats impossible en pratique. Les Hurons-Wendats se sont heurtés, pendant de nombreuses années, à un refus systématique de la part du gouvernement fédéral, après quoi ce dernier a accepté de négocier le règlement de ce contentieux, qui a conduit à une entente intervenue entre les deux parties le 8 mai 2000. Cette entente prévoit le versement à la bande des Hurons-Wendats d'une indemnisation de 12 millions de dollars. Ainsi, la négligence de fonctionnaires fédéraux a engagé la responsabilité du gouvernement, qui a dû verser, après toutes ces années, une deuxième indemnité pour dédommager les Hurons-Wendats en conséquence, alors qu'il aurait été préférable de laisser la propriété de ces terres aux Hurons-Wendats, qui auraient pu ainsi absorber l'augmentation à même ces terres de leur population au xxᵉ siècle. À cause de cette aliénation, les Hurons-Wendats se sont retrouvés enclavés dans une réserve d'une dimension très réduite à Lorette, ce qui a obligé le gouvernement fédéral à racheter de nouvelles terres pour l'agrandir. Le gouvernement a donc dû dépenser des fonds publics à trois occasions dans cette affaire, alors qu'il eût été moins coûteux de laisser aux Hurons-Wendats la propriété de la réserve des 40 arpents.

Des recours judiciaires à défaut d'une reconnaissance politique

Les litiges entre les Autochtones et le gouvernement fédéral ne portent pas uniquement sur le respect des traités anciens. L'application des accords contemporains signés avec eux génère également son lot de conflits. La convention de la baie James et du Nord québécois est à l'origine de multiples poursuites judiciaires intentées depuis la signature de l'entente, en 1975, par une des parties autochtones signataires, les Indiens cris. Les lacunes et les délais dans la mise en œuvre de cet accord sont régulièrement invoqués par les

Cris pour justifier leur recours aux tribunaux. Leurs récriminations rejoignent, sur ce plan, les critiques des Autochtones ailleurs au Canada, qui se plaignent du fait que le Canada ne respecte pas les traités historiques signés avec eux. Tant pour les Cris que pour les Autochtones en général, le recours aux tribunaux apparaît comme un moyen de lutter contre la stagnation de leurs préoccupations politiques. Il faut dire que le recours aux tribunaux n'a pas toujours été aussi utilisé par les Autochtones, et ce, pour diverses raisons.

Avant les années 60, les Autochtones ont engagé relativement peu de poursuites judiciaires pour la reconnaissance de leurs droits. À partir des années 60, les Indiens ont commencé à recourir aux tribunaux pour obtenir la reconnaissance de leurs droits face aux empiètements de plus en plus importants des législations fédérales et provinciales sur leurs activités collectives et individuelles. Une des raisons qui peuvent expliquer cet état de choses est l'existence d'une limitation importante du pouvoir des Indiens dans ce domaine.

La loi fédérale a interdit, de 1927 à 1951, à quiconque de solliciter et de recevoir de l'argent pour faire des réclamations au nom d'un Indien ou d'une bande indienne sans avoir obtenu au préalable un permis du surintendant général des affaires indiennes. Ainsi, les Indiens étaient privés du droit d'engager des poursuites, par exemple pour la reconnaissance de leurs droits, à moins que le gouvernement fédéral n'y ait d'abord consenti. Les autorités gouvernementales de l'époque ont justifié l'adoption de cette mesure par la nécessité de protéger les Indiens contre l'exploitation des avocats et d'autres agents perturbateurs. Il faut dire que cette mesure donnait au gouvernement fédéral le pouvoir de refuser toute contestation du régime qu'il avait créé. Plusieurs organisations représentant les Indiens continuaient de faire valoir leurs droits sur le territoire canadien, même si des mesures législatives et administratives avaient été adoptées pour supprimer ces droits. Ces mouvements étaient considérés comme de l'agitation et devaient donc être contenus. Le contrôle des poursuites judiciaires engagées par les Indiens constituait une façon de parvenir à ces fins. Il n'est donc pas surprenant, dans ce contexte, que les causes concernant les Indiens aient été décidées en leur absence par les tribunaux durant cette époque.

Depuis la création de la Confédération, en 1867, l'interprétation des tribunaux canadiens a en général été restrictive, et ce n'est qu'exceptionnellement que ceux-ci ont reconnu des droits aux Indiens, même dans les cas où des traités historiques étaient explicites en leur faveur. Souvent, ces questions ont été débattues dans des poursuites relatives à leurs activités traditionnelles de chasse et de pêche, dans lesquelles les Indiens invoquaient leurs droits particuliers de premiers occupants pour contester l'application des lois fédérales ou provinciales. Par exemple, des droits de chasse garantis par des traités ont été réduits petit à petit par des décisions judiciaires qui ont estimé que ces droits pouvaient être restreints par la législation fédérale.

On a vu qu'un certain nombre de jugements ont été rendus par le Comité judiciaire du Conseil privé de Londres, qui a agi comme tribunal de dernière instance pour le Canada de 1867 à 1949. Les grandes décisions judiciaires qui ont marqué l'interprétation de la Constitution canadienne ont ainsi été rendues par des juges britanniques durant les quatre-vingts premières années du régime canadien actuel. Ce sont eux qui ont fixé notamment les règles définissant le partage des pouvoirs législatifs établi par la Constitution. Il faut se rappeler que les questions portant sur les droits des Indiens ont été tranchées en leur absence, à l'occasion de litiges touchant le partage de pouvoirs entre le gouvernement fédéral et les gouvernements provinciaux. L'arrêt St Catherine's Milling & Lumber Co. rendu en 1888 par le Comité judiciaire du Conseil privé de Londres est la première décision qui porte sur le titre indien sur le territoire canadien. Cette décision reconnaît que les Indiens ont des droits territoriaux limités fondés sur la Proclamation royale de 1763. Pour le Conseil privé, les Indiens n'ont que les droits qui leur ont été explicitement reconnus, comme dans cette Proclamation. Cette décision a fondé toutes les décisions subséquentes ayant trait aux droits des Autochtones du Canada, jusque dans les années 70.

Deux poursuites judiciaires engagées par des Indiens au début des années 70 auront une influence marquante : la poursuite engagée par les Cris du Québec contre le projet de développement hydroélectrique du gouvernement québécois dans le Nord du Québec et la demande de jugement déclaratoire des Indiens nisga'as de la Colombie-Britannique. Il s'agit de deux exemples de stratégie judiciaire adoptée par les Indiens faute d'une volonté politique de reconnaître leurs droits. Ce n'est pas la confiance dans les tribunaux, qui ne s'étaient de toute manière pas montrés très ouverts à la reconnaissance de leurs droits, qui a amené les Indiens à emprunter cette voie, mais bien le fait que ces derniers n'avaient pas réussi à faire valoir leur point de vue sur la scène politique. Vers la fin des années 60, les Indiens du Québec avaient par exemple déposé auprès des gouvernements du Canada et du Québec des positions précises quant à la reconnaissance de leurs droits ancestraux. Les pourparlers politiques qui s'étaient alors amorcés n'ont pas eu de suite, ayant été compromis par l'annonce du projet de la baie James en 1970.

Les poursuites des Cris et des Nisga'as ont été engagées à l'époque où le gouvernement fédéral rendait publique son intention de transférer aux provinces son autorité constitutionnelle sur les Autochtones. La poursuite des Cris a entraîné un règlement hors cour qui s'est concrétisé par la conclusion de la convention de la baie James et du Nord québécois. En ce qui concerne la poursuite des Nisga'as, ils n'ont eu gain de cause devant aucune instance où ils ont porté la question, et c'est un jugement de la Cour suprême du Canada qui a mis fin au débat juridique en 1973. Quoiqu'elle soit défavorable aux Autochtones, cette décision trace une ligne de démarcation dans la jurisprudence canadienne et elle a eu des répercussions politiques importantes sur l'évolution des revendications territoriales au Canada.

En 1973, dans l'arrêt Calder, le renversement par la Cour suprême du Canada de la jurisprudence établie dans la foulée de la décision St Catherine's Milling & Lumber Co. a causé une surprise dans les milieux juridiques et politiques, comme on l'a vu précédemment. L'arrêt Calder était la réponse à une demande formulée par les Nisga'as, qui prétendaient que leur titre indien existait toujours sur le territoire de la Colombie-Britannique. Les Indiens n'ont pas eu gain de cause en raison d'un point technique, et la cour a été divisée sur la question de savoir si un titre indien existait toujours en 1973 dans cette province canadienne. En effet, trois juges ont été d'avis que les Nisga'as détenaient un titre valide, alors que trois autres juges ont estimé que leur titre avait été éteint par diverses actions des gouvernements successifs. Par contre, l'aspect le plus important de ce jugement réside dans le fait que, pour la première fois au Canada, la cour a fondé l'existence d'un titre indien sur le fait que les Autochtones vivaient dans des sociétés organisées au moment de leur contact avec les Européens et occupaient les terres comme leurs ancêtres l'avaient fait avant eux depuis des temps immémoriaux. Peu importe que les régimes successifs aient reconnu ou non les droits qui découlent de cette occupation, les Autochtones détiennent un titre du seul fait de cette occupation.

Cette décision a causé un choc d'autant plus grand qu'elle renversait la conception plus restrictive qui avait cours depuis près de cent ans. Désormais, les Autochtones n'avaient plus besoin de démontrer que des droits particuliers leur avaient été expressément reconnus. Ils n'avaient qu'à établir leur filiation par rapport à un groupe ayant occupé et utilisé des terres définies au moment de l'arrivée des Européens en Amérique. La preuve de l'occupation des terres par un groupe particulier est alors devenu l'élément déterminant pour établir un titre indien. Le débat juridique sur le titre indien des Nisga'as de la Colombie-Britannique ayant pris fin, l'action s'est déplacée sur le plan politique.

La reconnaissance des droits ancestraux

La décision de la Cour suprême dans l'affaire Calder a provoqué la remise en question de la position juridique adoptée jusque-là par le gouvernement canadien. Le premier ministre du Canada l'a rappelé quand il affirmait, en 1969, que le gouvernement fédéral voulait désormais faire des Indiens des citoyens à part entière et non plus un groupe à part, et qu'en conséquence le gouvernement ne reconnaîtrait pas de droits ancestraux, ainsi que le réclamaient les Indiens. Par ailleurs, tout en reconnaissant les traités passés, il lui semblait inconcevable de conclure des traités à l'avenir, car de toute manière, même les traités passés devraient avoir un terme. Admettant que l'arrêt dans l'affaire Calder était à l'origine du changement de position, le gouvernement a adopté en 1973 une nouvelle politique dite des revendications globales, en vertu de laquelle il choisissait de régler par la négociation les réclamations des Autochtones qui n'avaient pas cédé leurs droits ancestraux dans un traité et dont les droits n'avaient pas été éteints de quelque manière que ce soit [4].

Les poursuites judiciaires engagées par les Cris du Québec et les Nisga'as de la Colombie-Britannique ont connu un dénouement politique dans le cadre de cette politique. La convention de la baie James et du Nord québécois signée en 1975 par les gouvernements du Canada et du Québec est d'ailleurs le premier accord conclu dans ce contexte [5]. L'entente touchant la revendication des Nisga'as n'interviendra qu'en 1998, plus de quinze ans après le jugement de la Cour suprême et l'adoption de cette politique. Il faut dire que la volonté du premier ministre québécois de réaliser son engagement électoral le pressait de négocier un accord qui assurerait la réalisation de son projet hydroélectrique.

À l'opposé, le gouvernement de la Colombie-Britannique a longtemps refusé de considérer même l'idée de participer à ce processus tripartite de négociation, ce qui l'obligerait éventuellement à attribuer des terres supplémentaires aux Indiens de la province. Les différents gouvernements qui se sont succédé dans cette province ont maintenu leur opposition à ce processus durant près de vingt ans. Le ministre fédéral des Affaires indiennes aurait obtenu la participation de cette province après avoir fait valoir que la « crise d'Oka » de l'été 1990, qui mettait en cause les revendications territoriales des Mohawks de Kahnawake et qui avait ébranlé les gouvernements du Canada et du Québec, donnait matière à réfléchir aux autres gouvernements provinciaux qui faisaient face à des revendications similaires.

Autre fait à noter, l'entente concernant la revendication des Nisga'as constitue le deuxième accord de ce type qui porte sur les terres d'une province. L'entente de la baie James (1975) et l'entente conclue avec les Nisga'as (1998) représentent en fait les deux seules ententes tripartites signées en plus de vingt-cinq ans dans le cadre de la politique

---

4. Les détails de cette politique sont analysés dans mon ouvrage *La question indienne au Canada*, Montréal, Boréal, 1991.

5. Les circonstances entourant la signature de la Convention de la baie James et du Nord québécois et les litiges auxquels elle donne encore lieu aujourd'hui font l'objet d'une analyse dans mon ouvrage *Tribus, Peuples et Nations*, Montréal, Boréal, 1997.

fédérale des revendications territoriales. Le gouvernement fédéral a entre-temps réglé des revendications territoriales dans les territoires fédéraux, où il exerce en fait une autorité finale supervisant l'autorité territoriale, mais les autres revendications se rapportant aux terres des provinces sont toujours en suspens.

Face à cette politique fédérale, les Autochtones déplorent le fait que leurs droits ne semblent pas avoir un poids suffisamment important pour gêner l'action gouvernementale et que cela retarde indûment la négociation. L'expérience des négociations tripartites des revendications territoriales leur donne raison sur ce point. La seule entente conclue dans un temps relativement court est la convention de la baie James et du Nord québécois, dont la négociation s'est déroulée entre 1972 et 1975. Or, dans ce cas comme on l'a vu, le gouvernement québécois avait un projet politique précis à l'égard duquel le premier ministre avait pris des engagements devant l'électorat québécois.

À l'opposé, la négociation de la revendication des Nisga'as de la Colombie-Britanique s'est échelonnée sur vingt-cinq ans, entre 1973 et 1998. Plusieurs dizaines d'autres revendications en Colombie-Britannnique sont toujours pendantes. De même, la revendication territoriale des Montagnais et des Atikamekw du Québec est en cours de négociation depuis 1979, sans qu'il y ait de résultats concrets jusqu'ici. Les pourparlers récents entre les gouvernements du Québec et de Terre-Neuve au sujet d'une nouvelle phase du développement hydroélectrique des chutes Churchill auraient pu créer un climat propice à l'accélération de la négociation avec une partie des Innus-Montagnais du Québec. Mais l'annonce ultérieure de l'abandon de ce projet conjoint a enlevé toute urgence à la conclusion d'une entente. Quant à la revendication territoriale des Algonquins du Québec, quoique le gouvernement fédéral l'ait jugée bien fondée, il y a plusieurs années, la négociation n'a pas encore commencé véritablement.

Un autre élément crucial de la politique fédérale sur les revendications territoriales qui est sévèrement critiqué par les Autochtones a trait à l'exigence du gouvernement fédéral selon laquelle toute entente touchant une revendication devra être concrétisée par l'extinction des droits des Autochtones. Ces derniers doivent céder de façon définitive leurs droits sur leurs terres traditionnelles dans une entente finale, et les droits cédés et tous les autres droits et recours sont ensuite éteints par une loi fédérale mettant en vigueur l'entente conclue (et les droits qui y sont précisés). Cette condition repose sur la volonté du gouvernement canadien de libérer de façon définitive le titre de la Couronne de la charge que représentent les droits des Autochtones, et de conclure un règlement final qui empêche tout recours ultérieur de la part des Autochtones. Le gouvernement canadien est prêt à acheter la paix, mais il veut le faire une fois pour toutes, sans qu'il soit possible de rouvrir le dossier. Seuls les droits définis dans l'entente finale pourront désormais être exercés par les Autochtones signataires de l'entente. Le gouvernement du Canada estime que l'extinction des droits qui ferme la porte à d'éventuels recours est un élément déterminant pour établir la certitude que tous recherchent.

Cette condition a toujours été la partie essentielle des traités historiques et des accords portant sur la cession par les Autochtones de leurs droits ancestraux. Le Canada poursuit, sur ce point, la politique instaurée par le régime britannique en 1763. Les Autochtones se sont toujours opposés à cette condition préalable à tout règlement et ont multiplié les pressions sur le gouvernement fédéral, mais sans succès. Il leur paraît odieux qu'un processus devant, selon eux, servir à reconnaître leurs droits de façon concrète soit fondé sur l'extinction de leurs droits ancestraux.

Dans le cadre de la négociation de la revendication des Atikamekw et des Montagnais du Québec, le gouvernement du Québec a répété à plusieurs reprises qu'il n'était pas d'accord avec le gouvernement fédéral en ce qui concerne l'extinction des droits. À la suite d'une rencontre en 1978 entre, d'une part, le premier ministre québécois, René Lévesque, et quelques-uns de ses ministres et, d'autre part, les chefs indiens du Québec, rencontre qui devait permettre d'amorcer la normalisation des relations de l'État québécois avec les Indiens, les Atikamekw et les Montagnais avaient demandé au gouvernement du Québec de les appuyer dans leurs représentations auprès d'Ottawa sur cette question. Il a alors répondu qu'il acceptait de ne plus exiger l'extinction de leurs droits comme condition préalable à la signature de l'entente. En pratique, toutefois, la

position du Québec n'était pas déterminante tant que le gouvernement fédéral maintenait son exigence, puisque c'est celui-ci qui avait
le dernier mot et qu'il était le seul à avoir autorité pour adopter une
loi éteignant les droits cédés suivant une entente de ce type.

L'opposition des Autochtones à l'extinction de leurs droits à
l'occasion du règlement d'une entente portant sur une revendication territoriale a pris une autre dimension après les modifications
constitutionnelles apportées en 1982. Plusieurs groupes représentant
les Autochtones ont alors réclamé une fois de plus le retrait de cette
exigence du gouvernement fédéral. Leur raisonnement est le suivant : dans la mesure où la Constitution canadienne reconnaît les
droits ancestraux des Autochtones depuis 1982, l'extinction de ces
droits n'est plus fondée. Puisque la reconnaissance constitutionnelle
de ces droits leur assure une protection particulière, en les mettant
au moins partiellement à l'abri des lois, les Autochtones considèrent
que l'existence du gouvernement fédéral n'est plus motivée. Pour
eux, l'argument utilisé par le gouvernement fédéral avant 1982, selon
lequel la Constitution ne reconnaissait pas les droits ancestraux, ce
qui justifiait l'extinction de ces droits, ne peut plus tenir désormais.

De plus, les Autochtones estiment que le gouvernement fédéral
n'a plus le pouvoir, depuis 1982, d'éteindre unilatéralement leurs
droits ancestraux, ce qu'il pouvait faire avant cette date, les tribunaux l'ayant confirmé. C'est d'ailleurs ce que le gouvernement fédéral a fait en éteignant, sans leur consentement, les droits des Atikamekw, des Algonquins et des Montagnais dans la partie nordique
du territoire québécois, et ce, sans qu'ils soient partie à l'entente
conclue avec les Cris et les Inuits du Québec en 1975. Cette situation
ne pourrait pas se produire dans le nouveau contexte constitutionnel. La reconnaissance des droits ancestraux dans la Constitution
canadienne a mis ces droits à l'abri d'une loi unilatérale d'extinction.

Pour les Autochtones, la question de l'extinction des droits a
toujours constitué un obstacle important à la signature d'ententes
réglant définitivement leurs revendications territoriales. C'est également ce qui fonde les recours des Cris du Québec depuis 1982,
selon qui seulement une partie de leurs droits a été éteinte quand ils
ont signé la convention de la baie James et du Nord québécois.

D'après eux, toute une panoplie de droits ancestraux subsistent en leur faveur, dont le droit inhérent de se gouverner, puisqu'ils ne les ont pas cédés explicitement en 1975 et que ces droits sont désormais reconnus et protégés par la Constitution.

Les Autochtones ont reçu sur cette question l'appui de la Commission royale sur les peuples autochtones. Dans son rapport publié en 1996, la commission estime en effet que la politique fédérale actuelle concernant les revendications territoriales doit être remplacée et que le temps est venu de créer un nouveau processus d'établissement de traités modernes avec les peuples autochtones dans lequel l'extinction des droits ancestraux « n'est pas une option[6] ». Dans sa réponse au rapport de la commission rendue publique en 1998, le gouvernement fédéral indique laconiquement qu'il est prêt à discuter d'autres méthodes de règlement qui pourraient offrir plus de certitude. L'aspect définitif d'un règlement est au cœur de l'élément de certitude que recherche le gouvernement. Seul un règlement final peut libérer totalement les gouvernements vis-à-vis des revendications des Autochtones, selon le gouvernement. C'est surtout en raison de cet élément que les Autochtones s'opposent à cette politique.

La nature et la portée du titre aborigène ont commencé à retenir l'attention des tribunaux. Une dizaine de décisions ont été rendues par la Cour suprême du Canada depuis 1990, précisant, à partir de chaque cas d'espèce, des concepts tels que les droits ancestraux, les droits issus de traités, les droits existants et le titre aborigène, qui sont maintenant protégés constitutionnellement. La première définition du titre aborigène postérieure à 1982 se trouve dans l'arrêt Delgamuuk, où la Cour suprême du Canada a établi que le titre aborigène constitue une sorte de droit ancestral protégé par la Constitution depuis 1982. La cour a toutefois précisé que, tout en faisant partie de la catégorie des droits ancestraux, le titre aborigène possède ses caractéristiques propres qui le distinguent des autres droits ancestraux.

---

6. *Rapport de la Commission royale sur les peuples autochtones*, vol. 2, 1re partie, « Une relation à redéfinir », p. 71.

Ainsi, contrairement à un droit ancestral de pêche, par exemple, le contenu du titre aborigène comporte un droit d'utilisation de la terre, qui n'est pas limité à des usages traditionnels et habituels de la part des Autochtones. Il peut faire l'objet de plusieurs types d'utilisation, comme c'est le cas pour les réserves indiennes : de l'utilisation à des fins publiques jusqu'à l'utilisation résidentielle, en passant par divers usages industriels et commerciaux. La Cour suprême a en outre considéré que le titre aborigène comprend les droits miniers, ce qui confirme que les terres peuvent faire l'objet d'une exploitation minière, type d'utilisation qui n'est pas traditionnel pour les Autochtones. La cour s'appuie sur le fait qu'une loi fédérale régit l'exploitation minière dans les réserves pour conclure qu'on ne doit pas restreindre les usages possibles découlant d'un titre aborigène aux seuls usages traditionnels.

Par contre, la cour a fixé une limite au titre aborigène. Cette limite, qui lui est propre, le distingue d'un droit de propriété complet. Cela en fait un droit foncier d'un caractère spécial. Les règles habituelles en matière de droit de propriété ne peuvent être appliquées au titre aborigène à cause de son caractère unique. Quand il existe, le titre aborigène des Autochtones n'est donc pas l'équivalent d'un plein droit de propriété. En conséquence, les terres ne peuvent pas être utilisées d'une manière incompatible avec la nature de leur occupation et avec les rapports qui lient le peuple autochtone à ces terres. Les usages incompatibles avec ces deux éléments ne seront pas permis et nécessiteront la cession du titre à la Couronne préalablement à l'usage incompatible. Ainsi, les Autochtones ne pourront utiliser les terres sur lesquelles ils détiennent un titre aborigène d'une manière qui en compromet la valeur. La cour précise même que la transformation en terrain de stationnement, par exemple, de terres qui ont une grande valeur culturelle pour une communauté constitue un usage incompatible. Dans un tel cas, la communauté devra céder son titre au gouvernement fédéral avant de procéder à ce genre de transformation. Cette limite imposée par la cour devrait inciter à la prudence les communautés autochtones qui détiennent toujours un titre aborigène sur leurs terres traditionnelles parce qu'une fois que leur titre est cédé leurs droits sont largement restreints.

Comme les autres droits ancestraux, le titre aborigène n'est pas absolu. On peut y porter atteinte, mais de telles atteintes doivent être justifiées selon les critères définis dans des jugements antérieurs. Les gouvernements devront d'abord établir que l'objectif qu'ils poursuivent, par le bais d'une loi ou d'un projet donné, est « impérieux et réel ». La conservation des ressources halieutiques et fauniques, la protection de l'environnement, le développement des ressources naturelles (minières et forestières), l'hydroélectricité, le développement économique, la poursuite de l'équité sur les plans économique et social, la construction d'infrastructures et l'implantation de personnes pour les réaliser, la reconnaissance du fait historique que des groupes non autochtones comptent sur les ressources naturelles et participent à l'exploitation de ces ressources, voilà autant d'objectifs jugés acceptables par la cour. Cette énumération, qui n'est pas exhaustive, est donnée par la cour comme indication de ce qui sera jugé un objectif acceptable quand une loi ou une action gouvernementale entend porter atteinte à un titre aborigène.

Les gouvernements devront ensuite établir que leur loi ou leur projet est compatible avec leur obligation de fiduciaire envers les Autochtones. Pour en juger, les tribunaux devront examiner si les gouvernements ont pris des mesures pour réduire leur atteinte. L'éventail de mesures défini par la Cour suprême va de la consultation obligatoire (un minimum requis) jusqu'au consentement obligatoire des Autochtones dans certaines situations, par exemple quand il s'agira d'adopter ou de modifier des lois sur la conservation de la faune. Cela va du droit d'être consulté dans tous les cas jusqu'à un droit de veto dans certains cas. Dans la plupart des cas, cela impliquera un droit de participer à la prise de décision concernant les terres et les ressources et à des négociations politiques de bonne foi (de la part de toutes les parties) dans lesquelles chaque partie devrra faire des compromis, précise la cour. Cette décision judiciaire est venue renforcer l'opposition des Autochtones à l'extinction de leurs droits ancestraux. En effet, pourquoi les Autochtones devraient-ils accepter de signer des ententes qui vont éteindraient leur titre aborigène, alors que ce titre est susceptible de leur accorder un droit de veto sur certaines activités de développement sur le territoire ?

Il est un autre domaine où l'opposition des Autochtones au régime actuel se fait entendre clairement depuis plus de trente ans. Ils n'ont cessé, en effet, de réclamer, depuis ce temps, la fin de la tutelle gouvernementale.

La volonté de s'affranchir de la tutelle

Depuis l'annonce, en 1969, du projet fédéral de transfert aux provinces, de son autorité sur les Indiens, l'opposition des Autochtones en général et des Indiens en particulier s'est de plus en plus clairement exprimée, prenant la forme d'un rejet de la tutelle gouvernementale. Mais ce qu'ils ont exprimé plus clairement encore depuis 1982, c'est que la fin de la tutelle se traduise par la reconnaissance au Canada d'un palier de gouvernement autochtone, en fait, d'un troisième ordre de gouvernement parallèle aux paliers fédéral et provincial.

Les Autochtones ont tenté sans succès lors des conférences constitutionnelles qui se sont tenues entre 1983 et 1987 d'obtenir une modification de la Constitution qui aurait précisé que les nouveaux droits reconnus en 1982 comprennent le droit inhérent, ou inconditionnel, des Autochtones de se gouverner. Les gouvernements fédéral et provinciaux avaient alors refusé de créer un troisième ordre de gouvernement au Canada. Le gouvernement fédéral s'était montré prêt à reconnaître un droit à l'autonomie gouvernementale conditionnel, en ce sens qu'il n'aurait pu être mis en œuvre que dans la mesure où son contenu aurait d'abord été défini dans une entente avec chaque peuple autochtone désirant exercer son droit à l'autonomie.

À l'opposé de la position autochtone qui voulait que le droit des différents peuples autochtones, de se gouverner puisse s'exercer sans condition préalable, cette proposition fédérale a été rejetée par les provinces et par les Autochtones. L'exigence constitutionnelle de la consultation des Autochtones ayant été remplie avec la tenue des conférences constitutionnelles de 1983 à 1987, les questions les concernant ont été subordonnées aux activités politiques constitutionnelles jusqu'en 1990, au moment du rejet de l'accord du lac

Meech. L'espoir énorme créé par la reconnaissance constitutionnelle des droits des Autochtones a été déçu et leur frustration a été amplifiée au moment des discussions entourant l'accord du lac Meech, en 1987. Préparé par le premier ministre du Canada et par celui du Québec, cet accord avait été présenté comme l'initiative visant à « corriger » la démarche qui avait isolé le Québec lors du rapatriement de la Constitution, en 1982, et à lui faire « accepter » la nouvelle Constitution. Même si la Constitution s'appliquait au Québec, ce dernier en a toujours contesté la légitimité parce que son rapatriement s'est fait sans son consentement.

Devant cette initiative qui se voulait une reconnaissance constitutionnelle du statut distinct du Québec, les Autochtones ont exprimé beaucoup de ressentiment du fait qu'on ne semblait pas, à cette occasion, vouloir accorder la même attention à leurs préoccupations concernant l'autonomie politique. C'est dans ce contexte qu'il faut situer l'opposition, en juin 1990, du député Elijah Harper, un Indien du Manitoba, à ce que l'Assemblée législative du Manitoba se prononce sur la ratification de l'accord du lac Meech que les premiers ministres provinciaux s'étaient engagés à faire ratifier par leur Assemblée législative respective, comme le veut la formule d'amendement constitutionnel depuis 1982. Son opposition a empêché la province du Manitoba de donner suite à l'engagement politique pris par le premier ministre de cette province. Ce geste, qui a eu un effet dramatique, est devenu le symbole de la résistance politique et de la frustration grandissante des Autochtones au Canada. Si ce processus ne servait pas à reconnaître leurs droits, les Autochtones pouvaient, du moins, le bloquer.

On a considéré, surtout au Québec, que le geste d'Elijah Harper était seul responsable du rejet de l'accord du lac Meech, sans insister sur la responsabilité du premier ministre de Terre-Neuve, Clyde Wells, qui n'a pas déposé devant son Assemblée législative ce texte qu'il avait entériné, contrairement à ce qu'il s'était engagé à faire, ce qui empêchait tout autant la ratification de cet accord. Il faut se rappeler que la crise d'Oka se situe en juillet 1990, soit immédiatement après les événements qui ont conduit au rejet de l'accord du lac Meech.

Par la suite, la Commission royale sur les peuples autochtones s'est déclarée en faveur de la position des Autochtones sur leur droit de se gouverner, durant les pourparlers constitutionnels qui ont entouré la négociation de l'accord de Charlottetown. Les Autochtones avaient alors réussi à faire insérer dans cette entente leurs préoccupations touchant leur autonomie politique. Dans un commentaire publié en 1992, la commission énonce différentes formules de reconnaissance formelle du droit constitutionnel des Autochtones à l'autonomie gouvernementale. Elle a repris son argumentation dans un rapport paru en 1993, à la suite du rejet de l'accord de Charlottetown, le deuxième échec de ratification d'un accord politique en quelques années. Considérant que le processus de réforme constitutionnelle s'était « enrayé », la commission en vient à la conclusion qu'il ne faut pas attendre plus longtemps la mise en œuvre de l'autonomie gouvernementale des Autochtones puisque, selon elle, il existe des bonnes raisons de croire que le droit inhérent à l'autonomie gouvernementale fait implicitement partie des droits reconnus en 1982. C'est exactement la position défendue par les Autochtones depuis cette année-là. Cet appui n'a pas eu de suite, à ce jour, sur le plan constitutionnel. La frustration des Autochtones n'est pas moins grande aujourd'hui de ce point de vue, puisque la reconnaissance de leurs droits ancestraux ne leur a pas permis d'obtenir un contrôle plus poussé de leurs affaires.

Dans sa réponse aux propositions de la commission royale, le gouvernement du Canada a mentionné le fait qu'il reconnaît le droit inhérent des Autochtones à l'autonomie gouvernementale et qu'il a adopté une politique visant à mettre en œuvre une plus grande autonomie pour ceux-ci. En fait, le gouvernement fédéral a continué d'appliquer à ce chapitre une politique qu'il avait élaborée au milieu des années 80.

C'est en partie pour répondre aux pressions des Autochtones et pour ouvrir une autre voie devant l'impasse constitutionnelle que le gouvernement fédéral avait entrepris de modifier son approche de la gestion des communautés et des terres réservées aux Autochtones. Cette nouvelle voie administrative, connue sous le nom de politique d'autonomie gouvernementale, vise à déléguer des pouvoirs fédéraux de réglementation, de gestion ou de prestation de services publics à des conseils de bande locaux, à des conseils tribaux ou à des organismes de services.

Jusqu'à la fin des années 50, le gouvernement fédéral avait assumé directement la prestation de services aux Autochtones ou bien il avait délégué celle-ci à diverses autorités. Dans plusieurs réserves, des services de santé de première ligne sont encore assurés dans des dispensaires placés sous l'autorité du ministère fédéral de la Santé. Les autorités religieuses offraient dans certains cas des services d'éducation dans les réserves indiennes dans des écoles fédérales. Les autorités provinciales pouvaient de même assurer des services d'éducation en recevant des élèves indiens dans des écoles provinciales ou fournir des services sociaux à l'intérieur des réserves. Comme le gouvernement fédéral ne voulait pas s'occuper lui-même de la prestation de tous les services à ces populations, il requérait des services définis de ces autorités et en assumait les coûts. Dans ce contexte, les Autochtones recevaient des services qui avaient été conçus, réglementés et négociés, sans leur apport, par le gouvernement et les prestataires de ces services. Bénéficiaires désignés de ces services, les Autochtones ne pouvaient pas se prononcer sur la qualité, la pertinence ou la méthode de prestation de ces services, puisque tout avait été réglé en leur absence.

Les pressions exercées par les Autochtones pour l'amélioration des services publics offerts aux communautés et pour leur participation aux décisions les concernant ont amené le gouvernement fédéral à décentraliser graduellement la prestation de ces services par divers moyens, qui avaient en commun la « prise en charge » par les communautés de leurs affaires.

Au départ, on s'est contenté de déléguer la gestion de certains programmes sociaux, comme l'assistance sociale. Les autorités autochtones ont vite constaté et décrié les limites de ce type de délégation qui les cantonnait dans l'administration de programmes élaborés et réglementés par le gouvernement fédéral. Ils se retrouvaient mandataires du gouvernement fédéral pour émettre des chèques d'assistance sociale, ne disposant d'aucune autorité pour corriger les lacunes que leur population reprochait à ces programmes. Ils étaient dans une position inconfortable entre la population, qui réclamait de meilleurs services, et le gouvernement fédéral, qui leur imposait des programmes contraignants.

En réponse à l'insatisfaction largement répandue chez les Autochtones, le ministère des Affaires indiennes a adopté vers la fin des années 80 de nouveaux mécanismes de délégation de ses pouvoirs, accordant plus de latitude aux Autochtones dans l'affectation des ressources obtenues du gouvernement fédéral dans le cadre des paiements de transfert. Diverses ententes de paiements de transfert ont ainsi été signées soit avec les autorités locales des communautés ou avec des organismes supralocaux. En 1993, le gouvernement fédéral a présenté ce dernier virage comme l'expression de sa volonté de passer d'un organisme de prestation de services à un organisme de financement qui entend aider les administrations autochtones à répondre aux besoins de leur population, tout en reconnaissant que « la relation de gouvernement à gouvernement est devenue plus complexe et parfois plus difficile à gérer pour toutes les parties ».

Les ententes négociées et conclues spécifiquement sur l'autonomie gouvernementale varient selon les besoins, les intérêts et les capacités de gestion des communautés visées. Elles peuvent porter sur les institutions gouvernementales et administratives, sur les règles définissant l'appartenance à la communauté, sur l'autorité réglementaire, sur la gestion des terres et des ressources, sur les paiements de transfert ou sur les services à la population comme l'éducation, les services sociaux, la culture, l'environnement et l'administration de la justice. Dans certains cas, le régime de la loi sur les Indiens a été remplacé par une loi particulière fédérale. C'est le cas pour la loi sur les Cris et les Naskapis du Québec adoptée pour donner suite à des engagements pris par le gouvernement fédéral dans le cadre de la convention de la baie James et du Nord québécois et de la convention du Nord-Est québécois, loi qui accorde des pouvoirs plus étendus aux bandes indiennes cries et à la bande indienne naskapie. C'est également le cas pour la loi sur l'autonomie gouvernementale de la bande indienne sechelte de la Colombie-Britannique.

Une des initiatives majeures prises dans le cadre de cette politique est l'entente bipartite conclue, en décembre 1994, entre le gouvernement fédéral et l'Assemblée des chefs du Manitoba représentant 60 communautés indiennes vivant dans cette province. Cette entente prévoit un processus de négociation bipartite sur une période de 10 ans pour l'établissement d'une nouvelle relation entre le gouvernement fédéral et les Indiens du Manitoba. Cette nouvelle relation se veut fondée sur le respect mutuel et sur la reconnaissance du droit inhérent des Indiens de se gouverner. Elle doit être concrétisée par le démembrement du ministère des Affaires indiennes et du Nord (pour ce qui est des Indiens du Manitoba), l'abrogation de la Loi sur les Indiens à leur égard, la reconnaissance de leurs gouvernements et le « rétablissement » des compétences gouvernementales des Indiens du Manitoba nécessaires pour répondre aux besoins de leurs populations, y compris le transfert de compétences fédérales aux Indiens.

Cette entente énonce des objectifs analogues à la politique fédérale de 1969, à savoir le démantèlement du ministère fédéral des Affaires indiennes et du Nord et le transfert de l'autorité fédérale. Par contre, un élément essentiel de la politique de 1969 a disparu : alors que le gouvernement fédéral proposait le transfert de son autorité sur les Indiens aux gouvernements des provinces, il accepte désormais que le transfert se fasse directement à des gouvernements indiens. De plus, le langage a changé depuis 1969, puisqu'on parle maintenant de développement et de reconnaissance de gouvernements des Premières Nations, et du « rétablissement » de leurs compétences, y compris des compétences actuellement exercées par le gouvernement fédéral. On y prévoit la fin de l'application de la Loi sur les Indiens dans la mesure requise pour favoriser la nouvelle relation fondée sur le respect mutuel qui doit être établie entre le gouvernement fédéral et les gouvernements des Premières Nations du Manitoba. On y établit aussi que les deux parties pourront, si elles s'entendent sur les matières à discuter et sur les modalités de ces discussions, inviter le gouvernement de la province du Manitoba à participer à des discussions, notamment sur des questions de compétence provinciale, comme l'éducation et les services sociaux.

Ainsi, ce processus permet la conclusion d'ententes bipartites fédérales-autochtones concernant des champs de compétences provinciaux. Il s'agit d'un autre exemple de l'incidence de certaines politiques fédérales sur les compétences des provinces. Cet accord permet de mieux mesurer la réticence des Indiens à se voir imposer l'assujettissement à l'autorité provinciale, même dans les champs de compétences provinciaux. Ils ne sont pas disposés à se soumettre à une autorité provinciale alors qu'ils peuvent obtenir des responsabilités directement, même si cela prend la forme d'une autorité déléguée par le gouvernement fédéral.

Cette politique ne peut laisser indifférent le gouvernement du Québec, pour lequel il est important d'exercer le maximum de compétences, y compris sur les Autochtones, malgré la compétence fédérale portant sur ceux-ci. Le gouvernement du Québec se trouve dans une position plutôt inédite. Contrairement aux autres gouvernements provinciaux, il s'est créé des obligations particulières sur le plan politique, sinon sur le strict plan juridique, en reconnaissant, dans une décision du conseil des ministres (1983) et dans une motion adoptée par l'Assemblée nationale du Québec (1985), des droits particuliers aux nations autochtones du Québec et leur droit à l'autonomie au sein du Québec[7].

On ne semble pas bien mesurer la portée symbolique et politique de ces deux textes. Sauf exception, la population québécoise n'en connaît ni l'existence ni la teneur. Il faut dire que les gouvernements successifs n'ont pas insisté pour les faire connaître. Depuis l'époque de leur adoption, la réflexion gouvernementale s'est poursuivie sur cette question et a donné lieu à quelques énoncés de politiques. Le gouvernement du Québec semble avoir choisi de concrétiser ces principes en multipliant les ententes ponctuelles bilatérales ou trilatérales (avec la participation du gouvernement fédéral) avec les Autochtones sur des sujets très variés.

Une chose est certaine : l'adoption de ces textes a accru l'attente des Autochtones du Québec, et peut-être plus encore des Indiens, par rapport à leur démarche de reconnaissance de leur droit de se gouverner. Pour ces derniers, la négociation avec le Québec doit servir à consacrer leur droit à l'autonomie, alors que la position du Québec a traditionnellement été d'utiliser les ententes pour les assu-

---

7. Ces deux textes sont reproduits dans « Les fondements de la politique du gouvernement du Québec en matière autochtone », Secrétariat aux Affaires autochtones, Québec, 1988, p. 3 et 5. Une analyse détaillée de ces deux documents figure au chapitre 9 de mon ouvrage *Tribus, Peuples et Nations*.

jettir à son autorité. Il y a là une source potentielle de malentendus. C'est du moins ce qu'on en déduit en analysant les médias et l'opinion publique québécoise, qui n'arrivent pas à se faire une idée claire de la portée des ententes rendues publiques de temps à autre dans un décorum et dans des termes qui semblent bien exotiques pour qui n'est pas familier avec ce contexte.

La dernière série d'ententes signées par le gouvernement du Québec avec les Mohawks de Kahnawake, rendue publique en octobre 1998, en constitue un bon exemple. Le texte d'une entente prévoyant la négociation éventuelle d'ententes particulières sur des sujets comme l'administration de la justice, la fiscalité, la sécurité publique et le développement économique dans la communauté mohawk est précédé d'une déclaration de compréhension et de respect mutuels. Cette déclaration comporte l'énoncé suivant : « Fiers de leur culture et de leur langue, de leurs coutumes, règles et traditions, le Québec et Kahnawake entendent négocier dans le respect mutuel de leur identité nationale de même que de leur histoire et de leur occupation du territoire. » Cet énoncé reconnaît les éléments distinctifs de la nation mohawk vivant au Québec et les Mohawks s'attendent sûrement à ce que les négociations qui doivent suivre cette entente-cadre se déroulent sous le signe de la reconnaissance de leur identité nationale propre. L'énoncé est toutefois beaucoup moins clair quand on tente d'en comprendre le sens de point du vue du gouvernement du Québec.

Or, le gouvernement du Québec n'a rien fait pour préciser la signification de cet énoncé ni pour expliquer le contexte politique et juridique dans lequel il s'insère, de telle sorte que l'opinion publique, qui n'en a pas eu connaissance, parce qu'on n'a pas attiré son attention sur cet aspect de l'entente quand elle a été annoncée, ne dispose pas de l'information pertinente pour mesurer la nature et la portée des engagements gouvernementaux qu'il recèle. Ces ententes conclues avec les Autochtones sont perçues comme des engagements envers ceux-ci, qui sont susceptibles de dégénérer en litiges juridiques ou autres en cas de désaccord entre les parties. Les malentendus engendrés par le secret qui entoure tant la négociation de telles ententes que leur conclusion ne contribuent pas à créer un climat sain dans l'opinion publique. Au contraire, elles exaspèrent les citoyens, qui ont l'impression qu'ils font les frais d'un système qui accroît les « bénéfices » indus des Indiens, de même que les Indiens, qui trouvent ardue la concrétisation des principes reconnus par le Québec depuis près de vingt ans.

Quoique le Québec soit perçu comme faisant bande à part sur plusieurs questions dans les discussions concernant les Autochtones, il y a deux points sur lesquels les politiques de tous les gouvernements au Canada se rejoignent. Premièrement, tant le gouvernement fédéral que les gouvernements provinciaux considèrent que la souveraineté étatique au Canada est totalement répartie entre le palier fédéral et le palier provincial, ce qui exclurait une souveraineté autochtone. Il en découle que les deux paliers de gouvernement procèdent par voie d'ententes suivant lesquelles ils délèguent à une autorité autochtone la responsabilité de la prestation de services (sociaux, de santé, de police, par exemple) à la communauté ou la gestion d'une activité (de chasse et de pêche à des fins d'alimentation, par exemple) des membres de la communauté. Deuxièmement, tant le gouvernement fédéral que les gouvernements provinciaux s'appuient sur le principe de l'intégrité territoriale et du titre de propriété des provinces (et du gouvernement fédéral dans le cas des trois territoires fédéraux : le Yukon, les Territoires du Nord-Ouest et le Nunavut).

Cette position est au cœur de la remise en question du régime canadien de la part des Autochtones, surtout depuis 1982. Selon eux, cette position va à l'encontre de leur droit inhérent de se gouverner, sur des terres leur appartenant, avec leurs institutions propres, parallèles aux institutions fédérales et provinciales. Certains d'entre eux revendiquent une souveraineté autochtone complète et indépendante de la souveraineté canadienne, mais un plus grand nombre revendiquent la reconnaissance d'une souveraineté propre à l'intérieur du régime canadien.

La Cour suprême du Canada n'a pas retenu le point de vue des Autochtones sur la question de la souveraineté. Dans l'arrêt Delgamuuk, elle a répété ce que tous les tribunaux et elle-même avaient dit sur la limite du titre indien, à savoir qu'il ne remet pas en question le titre de souveraineté de la Couronne au Canada. Cette confirmation judiciaire n'a pas diminué l'attente des Autochtones, qui estiment toujours que leur avenir doit passer par la reconnaissance de leur droit de se gouverner. Les Autochtones semblent déterminés à obtenir des changements profonds à ce régime de tutelle qu'ils refusent de voir perdurer.

CHAPITRE 4

Des solutions nouvelles

En ce qui a trait à la question autochtone, s'il est un seul point sur lequel tout le monde s'accorde, c'est que la situation actuelle a créé un mécontentement profond.

D'une part, les Autochtones réclament des changements radicaux depuis plusieurs décennies. Les motifs de leur insatisfaction sont nombreux et leurs visées sont parfois contradictoires. Certains d'entre eux veulent s'affranchir plus ou moins complètement de la tutelle gouvernementale. D'autres préfèrent malgré tout que le gouvernement fédéral demeure le responsable ultime, parce que cela les met à l'abri des critiques et des poursuites éventuelles de la part de leurs concitoyens. Certaines nations autochtones réclament le droit de maintenir des structures traditionnelles même quand celles-ci dénient la pleine participation aux femmes ou à d'autres groupes. Quant aux groupes représentant les femmes autochtones, ils demandent en général que l'abandon de la tutelle gouvernementale soit accompagné de la mise en place de structures gouvernementales autochtones qui respectent les droits démocratiques et l'égalité des femmes. Ces groupes expriment à voix haute ce que plusieurs membres de ces communautés ne peuvent se permettre de dire : ils ne supportent plus d'être soumis au règne de l'arbitraire et de la discrimination. Les communautés inuits, largement majoritaires dans les régions où elles habitent, acceptent l'idée de former des gouvernements « publics », dont feraient partie tous les résidants, qu'ils soient inuits ou non. Habituellement, les communautés indiennes veulent au contraire que la participation au gouvernement indien soit limitée aux membres de la communauté qui se conforment aux critères qu'ils auront eux-mêmes définis.

D'autre part, les citoyens en général n'acceptent plus ce qui leur apparaît en grande partie comme un régime d'exception qui favorise les Autochtones. Le statut d'exemption fiscale des réserves indiennes est de plus en plus critiqué partout au Canada. À mesure que la population découvre les enjeux réels que comportent les revendications territoriales des autochtones que le gouvernement fédéral a accepté de négocier, elle manifeste son désaccord. Les mouvements d'opposition soutenus pendant deux ans, à la suite de l'entente intervenue entre le gouvernement du Canada, celui de la Colombie-Britannique et les Indiens Nisga'as en 1998, en sont un exemple.

Le principal parti d'opposition à la Chambre des communes du Canada en a d'ailleurs fait un de ses chevaux de bataille depuis le milieu des années 90. Concentré dans les provinces de l'Ouest, ce parti exprime bien le refus d'une partie de la population canadienne de reconnaître des droits particuliers aux Autochtones. Ce parti a donc décidé de reprendre à son compte une opinion qui s'exprime plus ouvertement dans l'Ouest qu'ailleurs au Canada. Selon lui, les Autochtones doivent être mis sur le même pied que les autres Canadiens. Ils devraient donc recevoir les mêmes services que le reste des Canadiens, sans plus, ce qui va à l'encontre des engagements pris envers les Autochtones et des obligations créées par la reconnaissance dans la Constitution canadienne de droits qui leur sont particuliers depuis 1982.

Une des difficultés majeures dans la situation actuelle réside toutefois dans l'incapacité de dégager un consensus pour l'avenir. Il ne semble pas y avoir d'idée claire des objectifs à atteindre. L'amélioration des conditions de vie des Autochtones est un de ces objectifs. Il peut y en avoir d'autres : l'amélioration de l'image du Canada et du Québec à l'étranger et dans les instances internationales, l'élimination de la disparité socioéconomique marquée entre les populations autochtones et l'ensemble de la population canadienne, l'intégration des Autochtones, la suppression de la discrimination à leur endroit ou encore l'accroissement de la bonne conscience des Canadiens vis-à-vis des Autochtones.

Vouloir trouver des solutions ou des avenues de changement précis avant d'avoir créé un consensus sur les objectifs visés est un exercice périlleux. C'est pourquoi le premier mandat d'un forum politique permanent devrait porter sur cette tâche. Il est illusoire de penser que ce travail peut être fait rapidement et facilement, mais il faudra tôt ou tard s'y mettre.

On ne réglera rien si l'on continue de voler à vue dans ce domaine comme on le fait depuis longtemps déjà. Sans compter que la frustration gagne tout le monde, parce que ce choix est coûteux et ne donne jamais de solutions à long terme. D'un problème à l'autre, on injecte de nouveaux fonds publics et l'on change quelques méthodes ou personnes jusqu'au prochain problème avec le même groupe ou avec un autre. La gestion à la pièce a largement démontré ses limites. Les rapports périodiques du vérificateur général n'en finissent plus de souligner les lacunes dans la gestion des fonds publics destinés aux Autochtones et le manque d'imputabilité des autorités autochtones.

Les révélations dans les médias, durant l'automne 2000, de l'usage présumé de fonds publics pour le paiement d'une croisière pour 70 employés du centre de réhabilitation et un sous-ministre adjoint à Santé Canada, alors que ces fonds étaient destinés à des services de réhabilitation d'Indiens de Fort Alexander, au Manitoba, sont venues s'ajouter à un tableau déjà peu reluisant. L'impossibilité dans laquelle se trouve le ministère fédéral de la Santé de vérifier l'usage des subventions gouvernementales, à cause du refus des autorités indiennes de rendre des comptes sur leur gestion, plaide en soi pour un changement en profondeur du système actuel. Ce système conduit, dans ce cas précis, à utiliser des ressources, qui auraient dû servir à améliorer la santé des Autochtones, dans des poursuites judiciaires nécessaires pour obtenir les documents qui permettront la vérification des comptes.

La situation actuelle pénalise tout le monde parce qu'elle mine la confiance des personnes auxquelles les services publics s'adressent, soit les Autochtones, et de la population en général, qui s'interroge de plus en plus sur le bon usage qui est fait de ses impôts. La crédibilité du gouvernement fédéral en souffre de plus en plus. Toutes les communautés autochtones sont d'ailleurs touchées par cette situation parce qu'on a tendance à généraliser chaque nouveau problème relevé. Des voix de plus en plus nombreuses se font entendre, tant chez les membres des communautés autochtones que dans le reste de la population, réclamant l'instauration d'un système de reddition des comptes et d'imputabilité dans les communautés autochtones.

Il est de la responsabilité des autorités canadiennes de mettre en place un cadre de discussion qui permettra de définir des objectifs pour l'avenir. De ces objectifs résulteront des discussions sur le choix des moyens d'action et des avenues privilégiées pour les atteindre. Il semble clair, par exemple, qu'un objectif comme l'amélioration des conditions de vie des Autochtones n'engendre pas les mêmes actions que l'amélioration de l'image de l'État canadien dans les instances internationales. Il faut cesser de faire diversion et passer aux véritables débats. Quelles sont nos intentions réelles vis-à-vis des Autochtones ? La reconnaissance constitutionnelle de droits collectifs des Autochtones représente-t-elle autre chose qu'un élément politique parmi d'autres qui ont permis le rapatriement de la Constitution canadienne en 1982 ? Cette reconnaissance a des répercussions qui sont largement précisées par les tribunaux depuis cette date. Doit-on déduire de l'impasse actuelle entourant la concrétisation de ces droits sur le plan politique que les gouvernements ont laissé le champ libre aux tribunaux dans ce domaine intentionnellement ou par défaut ? Peut-on laisser indéfiniment des communautés en suspens, comme c'est le cas actuellement ? Peut-on laisser perdurer une gestion arbitraire et souvent discriminatoire au sein de ces communautés ? Ne devrait-on pas soutenir les groupes d'individus au sein de ces communautés qui sont conscients de l'ampleur de la tâche que la situation commande et qui réclament la responsabilisation des autorités autochtones locales ?

Un changement de stratégie

Si un changement de stratégie radical s'impose aujourd'hui, c'est en partie à cause de l'évolution même de la politique canadienne durant le dernier quart du XXe siècle. Celle-ci a commencé à se démarquer des politiques coloniales dans les années 70, ce qui l'a mise en contradiction avec certains éléments déterminants des politiques antérieures. Par exemple, on a vu que le Canada a décidé de reconnaître, en 1973, après le jugement de la Cour suprême du Canada dans l'affaire Calder, la validité d'un titre aborigène sur le territoire canadien, même sans une reconnaissance officielle par les gouvernements qui se sont succédé. Cette nouvelle politique rompt avec les politiques antérieures qui ne tenaient compte que des droits expressément reconnus aux Autochtones dans des lois ou des traités.

Il y a une raison plus fondamentale encore que la précédente pour laquelle un changement de stratégie par rapport aux questions autochtones s'avère nécessaire. La reconnaissance constitutionnelle de 1982 oblige en effet les gouvernements, le gouvernement fédéral au premier chef, à changer radicalement de stratégie en matière de législation. On ne peut plus appliquer de la même manière aux Autochtones les lois fédérales et les lois provinciales adoptées avant 1982, ni les nouvelles lois.

Le choix politique fait en 1982 crée plusieurs précédents qui se démarquent des politiques antérieures. On a d'abord choisi de reconnaître et de confirmer de nouveaux droits aux Autochtones, regroupés dans deux catégories : les droits ancestraux et les droits issus de traités. On a également choisi de reconnaître l'existence de peuples autochtones, alors que la Constitution canadienne ne comporte pas d'autre reconnaissance de cet ordre. Enfin, on a choisi d'associer formellement les Autochtones au processus constitutionnel en prévoyant une série de conférences constitutionnelles sur les questions les concernant, ce qui n'avait jamais été le cas auparavant.

La politique canadienne en matière autochtone a donc évolué depuis les années 70 vers une politique qui est à l'opposé des politiques antérieures sur certains points, tout en demeurant fondée sur des éléments importants de celles-ci. Par exemple, la reconnaissance des droits ancestraux des Autochtones peut être vue comme un élément contradictoire avec le régime de tutelle qui régit les Indiens. Ou encore, le gouvernement fédéral peut-il affirmer, comme il le fait depuis 1995, qu'il reconnaît le droit inhérent des Autochtones à l'autonomie gouvernementale alors qu'il veut en limiter l'exercice à ce que le gouvernement en aura accepté dans un accord préalable ? Des incohérences, quand ce ne sont pas des contradictions flagrantes, sont donc apparues, ce qui nécessite une révision en profondeur des politiques gouvernementales relatives aux Autochtones et une meilleure coordination des différents acteurs fédéraux qui gèrent des programmes à leur intention.

Ce qu'il importe de comprendre, c'est que la nécessité de changer de stratégie exige un certain nombre d'actions et de réflexions qui incombent au premier chef, mais pas exclusivement, aux gouvernements. Dans les pages qui suivent, nous passerons en revue quelques-unes de ces actions : la révision de la législation, la réévaluation de l'option judiciaire, la création d'un forum politique et constitutionnel, l'engagement des institutions d'enseignement supérieur et de recherche, la mise en place d'institutions politiques et administratives autochtones dirigées par des autorités responsables et la négociation avec les Autochtones dans une nouvelle perspective. Enfin, l'évolution des préoccupations internationales constitue un facteur qu'on ne peut plus ignorer ici.

Tous les éléments de cette nouvelle stratégie peuvent être menés parallèlement. Dans tous les cas, ils demanderont des engagements importants de la part des autorités qui en sont responsables.

La révision de la législation

Même si elle ne constitue pas un élément plus important que les autres, la révision de la loi est essentielle dans l'établissement d'une nouvelle stratégie. Les changements qu'on apportera en définitive aux lois qui sont en vigueur aujourd'hui auront des effets sur les autres éléments. Par exemple, ils modifieront le cadre de référence des tribunaux et influenceront le cours des négociations futures avec les Autochtones.

La révision de la législation doit obligatoirement tenir compte des droits constitutionnels particulier reconnus aux Autochtones en 1982. Appelés à déterminer à quel point ces nouveaux droits sont à l'abri des lois, les tribunaux et plus particulièrement la Cour suprême du Canada ont établi des critères que les lois fédérales et provinciales doivent désormais respecter pour qu'elles soient applicables aux Autochtones. Ainsi, si une loi fédérale ou provinciale porte atteinte à un droit ancestral ou à un droit découlant d'un traité, elle ne pourra s'appliquer aux Autochtones que si l'on réussit à justifier cette atteinte au nom de principes plus importants. Par exemple, si la nécessité de préserver une espèce de gibier est démontrée par un gouvernement, elle constituera un principe supérieur qui lui permettra de justifier la limitation par une loi de l'exercice d'un droit de chasse de la part des Autochtones.

Les droits qui ont été reconnus aux Autochtones depuis 1982 ne leur permettent pas de les exercer au mépris de toute loi. L'exercice de leurs droits ne doit pas compromettre la préservation des espèces. Mais les gouvernements ne peuvent plus imposer aux Autochtones des lois sans tenir compte de leurs droits particuliers, ce qui rend nécessaire la révision des lois existantes pour qu'elles soient adaptées à cette nouvelle donne. Toutes les lois ne devront pas nécessairement être modifiées, mais toutes devraient être examinées pour établir si, *a priori,* elles respectent le critère de justification élaboré par les tribunaux. A titre de responsable constitutionnel des Autochtones, le législateur fédéral a adopté plusieurs lois générales et particulières s'appliquant à eux. On peut déjà affirmer que certaines de ces lois devront être revues, comme la loi générale qui régit les Indiens : la Loi sur les Indiens. D'autres lois générales, comme la Loi sur les pêcheries et la Loi canadienne sur les droits de la personne, devraient également faire l'objet d'ajustements. De même, on devrait soumettre à un examen attentif les lois provinciales pour les ajuster aux droits constitutionnels reconnus depuis 1982, comme les lois portant sur la conservation de la faune et sur l'exploitation des ressources naturelles.

Tout le régime de la Loi sur les Indiens est fondé sur l'autorité discrétionnaire du gouvernement fédéral à l'égard des Indiens et de leurs terres. Une telle autorité ne respecte plus les obligations imposées aux gouvernements depuis 1982. Le gouvernement ne peut plus décider au nom des Indiens sans qu'ils aient été au moins consultés. Ce régime législatif et administratif est donc à revoir en entier. Dans un autre domaine, les tribunaux ont estimé que les règles de la Loi sur les pêcheries doivent être changées en ce qui concerne les Autochtones. Le ministre responsable des pêcheries ne peut plus exercer une autorité discrétionnaire en ce qui a trait à l'émission des permis de pêche aux Autochtones. Il doit adopter des critères que ses fonctionnaires devront appliquer quand ils décideront d'émettre des permis. Cela n'est qu'un des aspects de cette loi qui doivent être revus. La Loi canadienne sur les droits de la personne devrait également être revue, parce que le fait de priver les Indiens des recours de cette loi en cas de discrimination contrevient à leurs droits fondamentaux et va à l'encontre de l'obligation de fiduciaire du gouvernement fédéral. Ces exemples montrent bien l'ampleur de la révision qui s'avère nécessaire.

Dans ce contexte nouveau, l'interprétation des tribunaux est claire : la reconnaissance constitutionnelle des droits des Autochtones a donné à ces derniers un formidable levier de négociation quant à l'exercice de ces droits. Contrairement à ce qu'on croit souvent, ce constat n'a pas été imposé totalement par les tribunaux. Il est la suite logique du choix politique fait en 1982 de protéger constitutionnellement ces droits. L'impression qui a cours depuis un certain nombre d'années prend souvent cette forme-ci : les tribunaux donnent tout aux Autochtones. En fait, il faut maintenant assumer d'une manière ou d'une autre les conséquences découlant des choix de 1982. Ces droits doivent s'incarner dans la réalité du XXIᵉ siècle.

Il ne faut d'ailleurs pas penser qu'on pourra échapper à cette responsabilité en essayant de restreindre ces droits aux activités et aux moyens qui avaient cours au XVIIᵉ ou au XVIIIᵉ siècle. Certains voudraient qu'un droit de chasse garanti par un traité historique ne puisse être exercé aujourd'hui autrement qu'avec les méthodes utilisées au moment de la signature du traité. Cette option n'a pas été retenue au Canada, et les tribunaux ont bien précisé que ces droits ne doivent pas être interprétés de telle sorte qu'ils soient figés dans le temps. Il est donc illusoire de penser qu'on peut limiter au maximum des droits qu'on a choisi de protéger de la sorte.

Il y a plusieurs façons de préciser la portée de ces droits et donc d'en fixer les limites. Ces diverses façons ne s'excluent d'ailleurs pas mutuellement et peuvent être adoptées parallèlement. On peut modifier des lois. On peut négocier et tenter de définir des droits dans des accords généraux ou particuliers. On peut laisser aux tribunaux le soin d'interpréter les droits, donc d'en établir les limites. Il semble que la principale stratégie retenue depuis la fin des années 80 a consisté à privilégier cette dernière option. Depuis ce temps, les Autochtones sont en effet revenus à la marge des débats politiques importants.

La nécessaire révision de la législation devrait s'accompagner d'une évaluation de la cohérence des programmes et des activités menées sous l'autorité de différents ministères fédéraux. L'efficacité et la cohésion de l'action gouvernementale fédérale relative aux Autochtones doivent être examinées à fond.

La réévaluation de l'option judiciaire

En plus de réviser les lois, il faut repenser le recours aux tribunaux.

On a l'impression que le recours aux tribunaux constitue aujourd'hui la seule méthode pour préciser les droits des Autochtones, surtout ceux qui leur ont été reconnus depuis 1982. La formulation des politiques publiques devrait relever des acteurs politiques et sociaux, plutôt que des tribunaux, qui jouent ici un rôle qui devrait être dévolu à la négociation politique.

Il est vrai que, pour les gouvernements, le principal avantage de recourir aux tribunaux, c'est que cela leur permet d'éviter que les politiques n'aient à assumer le poids de la décision, soit devant l'électorat, surtout si la décision est favorable aux Autochtones, soit devant les Autochtones, quand elle leur est défavorable. Par contre, le désavantage majeur de laisser le pouvoir judiciaire définir les contours de ces droits, c'est qu'il s'agit d'un processus long et coûteux. En effet, ce processus contradictoire a inévitablement comme résultat de déclarer une partie gagnante et une partie perdante, ce qui ne favorise pas les relations subséquentes entre des parties qui sont appelées à interagir ensemble.

De plus, le travail inévitable de révision des lois est alors accompli à la pièce, souvent un seul article d'une loi à la fois. Ainsi, le tribunal appelé à préciser si tel article d'une loi peut limiter le droit d'un groupe autochtone de pêcher une espèce dans une région donnée en utilisant un moyen particulier doit restreindre son analyse au cas qui lui est soumis. Quand on sait que plus de 600 communautés inuits et indiennes peuvent revendiquer de tels droits, on comprend aisément qu'à ce rythme les tribunaux canadiens pourraient être submergés par un tel exercice s'il fallait leur soumettre toutes les variantes possibles des questions qui se posent actuellement. L'impression selon laquelle les jugements de la Cour suprême du Canada sur les droits des Autochtones se suivent presque sans interruption depuis plus d'une décennie n'est pas dénuée de fondement. Il continuera d'en être de même tant qu'on privilégiera l'option judiciaire au détriment de l'option politique (la législation et la négociation). En fait, cette option ne devrait pas être éliminée. Il n'est d'ailleurs pas réaliste de penser que cette voie ne demeurera pas une stratégie de choix tant pour les gouvernements que pour les Autochtones. Elle devrait toutefois être utilisée comme recours accessoire, et non comme unique voie de confirmation des droits reconnus aux Autochtones, comme c'est le cas actuellement.

L'interprétation que la Cour suprême du Canada a faite des droits reconnus aux Autochtones depuis 1982 renvoie toujours à la nécessité de négocier avec eux et de les faire participer autant aux décisions qui les concernent qu'aux décisions plus générales qui sont susceptibles de modifier leurs droits. La cour ne cesse de rappeler, depuis 1990, que des négociations sont, non seulement inévitables, mais désormais requises. C'est une des raisons qui amènent à conclure que l'option judiciaire en tant que stratégie principale pour définir ces droits n'est pas une solution appropriée. L'usage qu'on en fait aujourd'hui constitue un gaspillage de ressources que l'on devrait plutôt affecter à l'amélioration des conditions de vie des Autochtones et à l'élaboration de nouvelles stratégies de développement négociées avec eux. L'option judiciaire présente en effet de nombreux inconvénients, dont il nous semble que les plus importants sont que les juges n'ont pas à rendre compte devant la population de leurs décisions et des effets politiques et sociaux de celles-ci, et que les décisions judiciaires ne font qu'accentuer les tensions entre les Autochtones et le reste de la population, qui voit la situation lui échapper parce qu'elle n'est pas partie au processus. En outre, l'option judiciaire déresponsabilise les citoyens face aux enga-gements que les politiciens ont pris en leur nom en 1982. Tôt ou tard, les citoyens devront participer à cette tâche énorme de la défi-nition de ces droits, qui ne devrait pas être laissée entre les mains de la bureaucratie ou de la magistrature.

La création d'un forum politique et constitutionnel

La participation des autochtones, depuis les années 80, au pro-cessus constitutionnel portant sur les questions qui les concernent a créé chez eux une grande attente qui n'a pas connu de suite depuis l'échec de l'accord de Charlottetown en 1992. Plusieurs représen-tants autochtones reprochent depuis aux autorités politiques cana-diennes (fédérales et provinciales) de les avoir laissés à découvert devant leur population. Ils ont en effet défendu auprès d'elle le pro-cessus constitutionnel, le présentant comme une initiative valable pour concrétiser leurs droits, et ils y ont participé de bonne foi. Tous les participants gouvernementaux et autochtones savaient, par contre, que cela représentait un exercice complexe de redéfinition du régime fédéral canadien, ce qui risquait de ne pas produire de résultats rapidement. Ce n'est pas nécessairement l'absence de résul-tats à court terme qui a été le plus dommageable depuis ce temps, mais plutôt le fait que l'interruption du processus et la remise à l'écart des Autochtones ont affaibli la crédibilité des chefs autoch-tones. C'est la bonne foi des gouvernements qui a été contestée une nouvelle fois depuis cette occasion. Pour une grande partie de la population autochtone, la question suivante paraît de plus en plus inévitable : comment peut-on reconnaître des droits aux Autoch-tones et ne pas préciser la façon dont ces droits pourront se concré-tiser ?

Voilà pourquoi l'établissement d'un forum permanent me paraît un mécanisme essentiel pour permettre à tous les interlocu-teurs (les gouvernements fédéral et provinciaux et les différents peuples autochtones) de créer un cadre politique global de discus-sions sur le plan national et aux Autochtones de participer direc-tement aux discussions. On doit trouver le moyen de ramener sur le terrain politique la définition des droits reconnus aux Autochtones, ne serait-ce que pour éviter aux dirigeants autochtones de perdre la face, ce qui risquerait de donner plus de place aux gens tentés par des positions extrêmes. Un tel forum permettrait de resituer les questions qui concernent les autochtones au cœur des préoccupations publiques, et ce, à tous les échelons des appareils politique et administratif, tout en contribuant à établir une plus grande crédibilité des uns et des autres.

On ne peut espérer que l'action politique et constitutionnelle à l'échelle des premiers ministres règle à elle seule tous les points en suspens relativement aux Autochtones. Il appartient aux premiers ministres de donner l'impulsion nécessaire à un changement d'aussi grande envergure. Par contre, l'ampleur de la tâche dépasse nettement les possibilités de leur seule intervention. Il s'agit d'une responsabilité collective qui doit être exercée à tous les niveaux et par différents intervenants. C'est la raison pour laquelle ce forum permanent devrait être relayé à l'échelle régionale ou locale par des mécanismes visant à créer des liens institutionnels entre, d'une part, les instances politiques et administratives provinciales, régionales, supramunicipales et municipales et, d'autre part, les Autochtones. Ces mécanismes permettraient d'aborder des questions qui découleraient des discussions nationales ou qui n'auraient pas de répercussions sur le plan national. Il est illusoire de penser que des rencontres épisodiques entre premiers ministres et élus nationaux autochtones pourraient créer un effet d'entraînement suffisant pour qu'il y ait des retombées sur le terrain. De plus, il importe de mettre fin à la dynamique actuelle où les Autochtones sont occupés à observer le gouvernement fédéral qui tente de se dessaisir de son autorité au profit des provinces, ce qui est particulièrement le cas au Québec.

Il est nécessaire de mettre en place des mécanismes à une échelle intermédiaire et locale pour que s'établissent des liens entre des communautés et leurs représentants qui s'ignorent actuellement. Nous ne visons pas ici exclusivement des liens entre les institutions politiques, mais également entre les institutions administratives qui assurent des services publics, que ce soit des municipalités régionales de comté, des centres hospitaliers, des administrations municipales ou des sociétés d'exploitation des ressources. La fin de la mise à l'écart des Autochtones appelle la mise en place de ponts structurels entre les institutions respectives des communautés autochtones et des communautés environnantes. Ces liens institutionnels devraient être axés sur l'établissement de relations fondées sur le respect de tous les participants. Les initiatives en ce sens, qui reposent essentiellement sur des individus, doivent trouver un soutien institutionnel et s'insérer dans une nouvelle vision de la gestion de la chose publique.

Tant qu'on n'a pas été placé dans cette situation, on peut difficilement imaginer à quel point les communautés voisines non autochtones et autochtones, vivant dans des régions isolées par exemple, fonctionnent parallèlement, en vase clos. Le gaspillage de ressources et d'énergie, et par conséquent de fonds publics, qui découle de cette situation devrait suffire à nous convaincre de la nécessité de changer le système actuel.

Ainsi dans le domaine de l'éducation, des liens pourraient être créés entre les commissions scolaires ou certaines de leurs écoles et les écoles primaires et secondaires gérées par les bandes dans les réserves indiennes voisines, notamment par le biais d'échanges entre les élèves, d'échanges d'enseignants et de services de soutien professionnel aux enseignants, particulièrement dans les régions éloignées. Des liens de partenariat pourraient également être établis pour la formation postsecondaire.

Dans le domaine de la santé et des services sociaux, il faudrait établir des relations entre les centres hospitaliers et les centres de santé locaux dans les communautés autochtones de manière à leur assurer des services de santé comparables à ceux auxquels les autres citoyens canadiens ont accès, tout en permettant aux Autochtones de recevoir des soins de base dans leur communauté. Il n'est pas question ici de remplacer le système actuel d'achat de services médicaux, par lequel le gouvernement fédéral paie des médecins spécialistes qui vont périodiquement offrir des services dans les communautés autochtones, par un autre système où les services seraient désormais achetés par les bandes directement aux centres hospitaliers provinciaux. Il est plutôt question d'établir des liens institutionnels entre la communauté et le réseau de santé du Québec, par exemple, qui renforceraient les infrastructures locales de santé dans les communautés et qui prévoiraient des plans de formation visant à accroître la prise en charge au moins des services de santé de base par les Autochtones eux-mêmes.

De même, dans le domaine de l'aménagement et du développement du territoire, des liens pourraient être établis formellement entre les municipalités régionales de comté (MRC), par exemple, et les communautés locales autochtones pour la mise en commun de la réflexion, des ressources et des services.

Ces liens institutionnels devraient, au moins à moyen terme, favoriser une meilleure compréhension entre les communautés autochtones et non autochtones de même qu'une meilleure intégration des communautés autochtones à la société, sans compter que cela devrait favoriser la rationalisation des dépenses publiques.

La responsabilité des institutions d'enseignement supérieur et de recherche

Le changement de stratégie devra déborder le strict milieu politique et administratif. D'autres acteurs sociaux devront apporter leur contribuion. Au premier rang desquels figurent les institutions d'enseignement supérieur et de recherche. Il est essentiel que ces institutions assument la part de la responsabilité collective qui leur revient à cet égard. Les institutions d'enseignement supérieur et de recherche ont une responsabilité sociale et reçoivent des fonds publics pour réaliser leur mission de formation, d'éducation et de réflexion. Elles doivent assurer une formation adéquate aux étudiants qui sont en même temps des citoyens appelés à se prononcer sur les enjeux de leur société et à y apporter leur contribution. Ces institutions doivent également aider la société à mieux comprendre les facteurs internes et externes qui influencent le cours de son histoire. Ce travail de réflexion doit s'attacher à favoriser la compréhension tant des facteurs historiques que des facteurs présents et émergents.

Combien d'institutions universitaires intègrent dans toutes leurs facultés des cours portant spécifiquement sur les Autochtones ?

Comment peut-on estimer que la mission capitale de ces institutions est remplie de façon satisfaisante si elles n'accordent pas une attention particulière à ces questions en les incorporant dans leur enseignement et en suscitant des travaux de recherche sur un ensemble de questions reliées à cet aspect de la société canadienne et québécoise ? Quand cette absence sur le plan de la formation s'ajoute à l'absence de mécanismes de soutien ou d'intégration destinés aux étudiants autochtones, comment ces institutions peuvent-elles leur assurer une formation adéquate ? On pourrait s'inspirer dans ce domaine des initiatives mises de l'avant par d'autres pays, comme la Norvège, qui ont créé de tels mécanismes au sein de certaines de leurs universités. Les facultés d'administration pourraient offrir aux acteurs politiques et administratifs des communautés autochtones des programmes adaptés à leur réalité.

À l'heure où l'enseignement à distance et les relations par Internet augmentent de façon exponentielle les possibilités d'adaptation des formules pédagogiques, de tels programmes pourraient être développés mis sur pied soit par les institutions elles-mêmes, soit dans un partenariat entre elles et des groupes autochtones. Le choix qu'a fait le gouvernement fédéral il y a quelques années de favoriser une plus grande autonomie gouvernementale et une plus grande imputabilité des autorités politiques et administratives autochtones rend urgente l'instauration de programmes adaptés de formation de dirigeants et d'administrateurs publics autochtones. Il ne s'agirait pas d'une formation à rabais dont les exigences seraient moindres et qui mènerait à des diplômes de valeur inférieure, mais d'une formation officielle adéquate, c'est-à-dire sanctionnée par des diplômes, tout en étant adaptée aux réalités que vivent les Autochtones, par exemple, pour la grande majorité d'entre eux, l'éloignement des grands centres urbains, la maîtrise d'une langue seconde et la reconnaissance d'équivalences, le cas échéant.

Que ce soit en matière de culture, d'histoire, de sciences de la santé, de sciences de la nature, de sciences sociales et politiques, d'éducation, de psychologie, les questions relatives aux Autochtones n'ont pas reçu jusqu'ici une place suffisante dans l'enseignement supérieur et la recherche au Canada. Dans ce cas aussi des initiatives ont plutôt été le fait d'individus qui se sont intéressés à ces questions, souvent dans l'indifférence de leur milieu, mais aussi face à la résistance de celui-ci. C'est de responsabilité institutionnelle qu'on parle ici. La contribution des institutions d'enseignement supérieur et de recherche à ce chapitre laisse actuellement à désirer à plusieurs points de vue. D'abord, on ne dispose pas d'analyses théoriques et pratiques de l'impact du régime socioéconomique mis en place pour régir les Autochtones sur divers aspects de leur vie : acculturation, conditions de santé, effets psychologiques à court terme et à long terme sur les individus et les collectivités, répercussions économiques, etc. Ensuite, on ne dispose pas d'analyses comparatives sur ces questions entre la situation des Autochtones du Canada et celle d'Autochtones d'autres pays.

On ne dispose pas non plus d'analyses fouillées de la façon dont la société canadienne a considéré les questions autochtones. Ce n'est pas pour rien que les politologues sont encore aujourd'hui si discrets sur ces questions. Ils ne sont pas les seuls. On peut dire la même chose des juristes, des historiens et des intellectuels en général. Comment une société peut-elle faire l'économie de recherches sur les revendications des Autochtones exprimées depuis un demi-siècle, ne pas tenter d'en cerner les causes notamment dans les rapports historiques, ne pas essayer d'établir des correspondances avec des revendications similaires ailleurs dans le monde ? Comment une société peut-elle se sentir préparée à faire face à son avenir quant une partie — infime, il est vrai mais néanmoins réelle — de sa population vit dans des conditions nettement inférieures à celles des autres citoyens et comment peut-elle ne pas s'inquiéter pour elle-même des effets à long terme du maintien d'une telle disparité ?

Que dire de la recherche menée avec les Autochtones à leur intention ou à l'intention de la population en général ? Ou encore de la recherche dirigée par eux ? Un partenariat entre les institutions d'enseignement supérieur ou les institutions de recherche et les Autochtones pourrait contribuer de plusieurs façons à l'enrichissement de nos connaissances. D'abord, un tel partenariat ferait des Autochtones des intervenants directs dans leur formation ou dans la recherche qui les concerne, plutôt qu'un objet d'enseignement et de recherche. Ensuite, il permettrait aux Autochtones de participer à l'élaboration des cours ou des paramètres de recherche et de s'assurer que les programmes d'éducation et de recherche tiennent compte de leurs points de vue et de leurs priorités, et sont adaptés en conséquence. On comprend mal comment des programmes d'études universitaires en administration publique, en science politique, en droit ou en histoire pourraient être utiles à des Autochtones alors qu'ils ne sont pas adaptés à ceux d'entre eux qui voudraient travailler dans leur milieu. On ne comprend pas plus, d'ailleurs, pourquoi les étudiants des universités canadiennes dont plusieurs occuperont des postes clés, dans les secteurs public et privé, et qui auront à établir des relations avec les Autochtones ne sont pas sensibilisés à ces réalités pendant leur formation.

Il ne s'agit pas de dresser un état des responsabilités en la matière, mais de prendre la mesure de notre ignorance collective de ces phénomènes. Cela n'est pas sans conséquences en ce qui a trait à notre capacité de définir des solutions puisque nous nous rendons compte constamment du manque de données autres qu'empiriques dans ce domaine. Ne pas remédier à cette situation relève de la témérité. En effet, la société a tout intérêt à connaître les différents éléments qui la composent et à réfléchir aux défis qui se posent à elle. Le fait de retarder encore plus le moment de nous mettre à cette tâche ne peut que nous nuire compte tenu des répercussions de la détérioration plus grande qui risque de s'ensuivre. Rien ne nous oblige à voguer de crise en crise, sans les voir venir et sans en faire l'analyse d'une fois à l'autre.

Lors du dixième anniversaire de la crise d'Oka, en juillet 2000, le quotidien montréalais *La Presse* a publié une série d'articles dont le dernier contenait une analyse sommaire de cette crise. L'affirmation d'un intervenant selon laquelle il y a peu de chance pour que la crise d'Oka se reproduise tranchait avec l'affirmation du porte-parole des Indiens du Québec selon qui très peu de choses ont changé pendant cette décennie. Le plus étonnant, c'est qu'aucune analyse substantielle de cette crise, qui a ébranlé beaucoup d'institutions au Québec et au Canada, n'a été menée et rendue publique. L'affirmation du chef autochtone doit par ailleurs nous faire réfléchir parce qu'il prédit que des moments difficiles de cet ordre pourraient se reproduire si rien ne change. Son intervention indique que le niveau d'insatisfaction des Indiens n'a probablement pas baissé depuis cette crise, qu'il a même pu augmenter. Au mieux, il est demeuré stable.

Ce qui est en jeu, c'est l'évolution même des communautés et des individus autochtones, de même que de la société plus globalement, c'est la plus grande maîtrise de certains facteurs intervenant dans cette évolution. Il est temps de dépasser l'état actuel où chaque crise nous fait prendre un peu plus la mesure de notre ignorance collective des acteurs et des facteurs en présence, nous laissant la désagréable impression que nous n'avons pas vraiment de prise sur la situation.

Des institutions politiques propres et des autorités politiques responsables

L'établissement de véritables gouvernements autochtones ayant leur assise juridique propre apparaît comme une voie prometteuse face à l'échec du système actuel de tutelle. Les autres éléments de la nouvelle stratégie ne prendront leur véritable sens que s'ils sont orientés vers cet objectif.

Pour ce faire, les Autochtones seront sollicités de façon particulière, puisqu'ils devront contribuer activement à définir des structures qui correspondent à leurs valeurs. Il leur reviendra de réfléchir pour déterminer les éléments cruciaux de leurs cultures et pour définir les règles qu'ils désirent voir les régir. Ces structures devraient être chargées d'élaborer des lois et des règlements connus de tous. Ces lois devraient comporter des garanties d'égalité et des mesures contre la discrimination pouvant être causée par des individus ou par les gouvernements autochtones. Des instances judiciaires propres devraient être responsables de l'application de ces lois et assurer aux individus le respect de leurs droits fondamentaux si leurs gouvernements manquent à cette obligation. Il faudrait aussi que soient adoptées des lois prévoyant des mesures de reddition des comptes et d'imputabilité de sorte que ces gouvernements soient responsables devant leur population.

Le système d'exemption fiscale des réserves indiennes devrait être revu. Cette révision devra toutefois s'accompagner de la création de sources de financement stables pour assurer la viabilité des gouvernements autochtones. En effet, il n'est pas réaliste de penser que la suppression de l'exemption fiscale dans les réserves indiennes procurera, dans les circonstances actuelles, une source suffisante de revenus pour la majorité de ces gouvernements. Les indicateurs de revenus montrent bien que le niveau de dépendance des individus envers les gouvernements est extrêmement élevé. S'ajoute à la dépendance des individus la dépendance des communautés. Étant donné que la dépendance collective envers les gouvernements est également élevée et que les réserves sont souvent de dimension restreinte, il faudra trouver des moyens différents d'assurer des revenus à ces communautés, par exemple l'imposition de redevances sur le développement et l'exploitation publique et privée des ressources dans les régions où ces communautés sont situées.

La détermination des objectifs dans ce domaine est cruciale. Si l'on vise à permettre aux communautés autochtones d'améliorer leur sort, il faudra bien envisager des modes de financement radicalement différents des modes actuels. Le réaménagement des formules de subsides publics au gré des époques ne change rien au fait qu'on nomme et distribue autrement ce qui constitue toujours des paiements des transfert de fonds publics. Si l'on vise à réduire la dépendance économique des communautés autochtones, il faut envisager leur financement dans une tout autre perspective.

Cette nouvelle perspective ne s'imposera peut-être pas facilement. Il faudra en effet se défaire de l'image de dépendance qui colle aux Autochtones depuis si longtemps. Alors on pourra envisager d'appliquer à leurs gouvernements des formules de financement qu'on n'a jamais songé à leur appliquer. Une formule de péréquation comme celle qui existe entre les provinces pourrait convenir aussi aux gouvernements autochtones. Si, par contre, nos objectifs sont plus restreints, la recherche de nouveaux moyens de limiter l'augmentation des subsides gouvernementaux peut suffire. On cherchera alors uniquement à contenir l'augmentation des dépenses publiques qui atteignent approximativement six milliards de dollars par année, actuellement. C'est pourquoi le temps paraît venu de poser des questions fondamentales sur nos grandes orientations face à l'avenir des Autochtones. L'accent doit maintenant être mis sur l'établissement de grandes orientations, suivies de l'adoption des instruments politiques, sociaux, économiques et autres nécessaires pour y donner suite.

Enfin, un autre élément qui devra être examiné une fois que des objectifs auront été clairement précisés a trait à l'élaboration d'un échéancier concernant l'émancipation des communautés autochtones. Celle-ci apparaît comme un objectif à atteindre non seulement pour les Autochtones, mais également pour l'ensemble de la société.

Les répercussions inévitables de la détérioration des conditions de vie et de la désorganisation sociale chez les Autochtones rendent nécessaire une telle émancipation. D'abord, elle serait un facteur de responsabilisation des Autochtones face à leur présent et à leur avenir. Ensuite, elle mettrait un terme à un système dont les failles ont été largement démontrées. Quel est, en effet, l'intérêt pour le gouvernement fédéral d'engager sa responsabilité chaque jour un peu plus dans un système coûteux qui produit des résultats souvent négatifs ou, quand ils sont positifs, si restreints qu'ils n'influencent pas le cours général des choses ?

Un échéancier relatif à l'émancipation devrait comporter des points de repère à court, moyen et long terme suffisamment précis pour que les communautés autochtones et la population en général soient au courant des grandes étapes de ce processus. Cet échéancier devrait être négocié avec les Autochtones et porter sur la mise en place de véritables gouvernements autochtones autonomes. Un chantier sociopolitique de cette ampleur nécessitera qu'on s'entende avant tout sur les termes et le contenu des changements à apporter. De même, il sera tout aussi important de s'entendre sur un calendrier de progression réaliste pour donner une impulsion à un projet aussi ambitieux, tout en tenant compte des difficultés qui sont inhérentes à celui-ci. Il faudra faire plus qu'encourager les communautés autochtones à assumer entièrement la responsabilité de leurs affaires. Cette responsabilisation devra apporter des avantages évidents pour elles par rapport à leur statut de dépendance actuel. Pour cela, il importe de se faire une idée claire des objectifs qu'on vise, alors que la situation présente laisse croire que la confusion, voire la contradiction, est la règle à cet égard.

Des négociations dans une nouvelle perspective

Le nouveau contexte constitutionnel depuis 1982 et l'obligation de rendre des comptes imposée par les tribunaux au gouvernement fédéral depuis 1984 requièrent également un changement de perspective dans les négociations avec les Autochtones. L'examen de tous les aspects des questions autochtones doit maintenant passer par la consultation et la négociation avec eux. L'optique de ces négociations ne peut plus être celle qu'elle était : acheter la paix.

On ne peut donc plus négocier avec les Autochtones dans l'esprit qui a prévalu jusqu'ici, c'est-à-dire selon la volonté des gouvernements et en considérant que les Autochtones sont dans une position de faiblesse tellement évidente face aux gouvernements que, tôt ou tard, ils devront accepter les termes définis par eux.

Les Autochtones ont désormais des fondements juridiques clairs leur permettant de recourir aux tribunaux si les gouvernements veulent leur imposer des contraintes sans les avoir au moins consultés. La Cour suprême du Canada a d'ailleurs insisté sur l'importance des négociations avec les Autochtones, sur le fait que ces négociations doivent être menées de bonne foi, de part et d'autre, et que chaque partie doit accepter de faire des compromis. La cour a, de plus, indiqué qu'elle n'hésiterait pas à intervenir pour renforcer ce processus de négociation.

Toutefois, l'absence de direction claire, qui est la règle à l'heure actuelle, a engendré beaucoup d'improvisation dans ce domaine depuis une trentaine d'années. Les grands objectifs politiques n'ayant pas été définis, l'initiative s'est située sur le plan administratif, un niveau d'autorité qui a multiplié les actions, qui souvent chevauchaient d'autres actions administratives, quand elles n'étaient pas tout simplement contradictoires. Il s'en est dégagé l'impression qu'on ne sait trop quels objectifs viser, mais qu'on doit tenter par toutes sortes de moyens d'améliorer une situation qui paraît de plus en plus intenable. La confusion qui s'ensuit est devenue contre-productive, et un effort de réflexion politique est impératif à ce moment-ci.

Pour opérer un tel changement de perspective dans les négociations avec les Autochtones, il faut clarifier les objectifs poursuivis de manière à préciser les intérêts des parties en présence, soit le gouvernement fédéral, les gouvernements provinciaux et les Autochtones. La détermination des intérêts respectifs de chacune des parties et des intérêts communs à toutes les parties ou à certaines d'entre elles permettra de situer les véritables enjeux des négociations désormais requises avec les Autochtones.

La détermination des intérêts des parties en présence prend donc une autre dimension dans ce nouveau contexte. Il devient en effet important que les enjeux soient précisés publiquement et que la population en général puisse s'en faire une idée avant qu'une nouvelle loi soit adoptée ou qu'une entente soit conclue avec les Autochtones. Préciser les intérêts communs et départager les intérêts respectifs des parties pourrait servir à mieux cerner l'attente des Autochtones et à mieux établir la marge de manœuvre des gouvernements. L'opinion publique serait alors en mesure d'influencer le processus, ce qui n'est pas vraiment le cas actuellement, parce que la plupart du temps la population n'est pas au courant des tractations gouvernementales en la matière et ne peut donc pas en mesurer les enjeux. La seule possibilité qui lui reste actuellement est de manifester son opposition à une entente, quand toutefois elle en prend connaissance, une fois qu'elle a été conclue. Les réactions virulentes de la population de la Colombie-Britannique après la conclusion de l'entente sur les revendications territoriales des Indiens nisga'as illustrent ce fait.

La clarification des objectifs et la détermination des intérêts des parties permettraient également de définir des paramètres de négociation plus réalistes. Les parties devraient en effet faire un effort pour mieux cerner et faire connaître leurs objectifs.

Des intérêts convergents et divergents

L'expérience de la série de conférences constitutionnelles tenues dans les années 80 a montré que, dans un processus mettant en scène un nombre aussi important d'acteurs, il y a plusieurs combinaisons d'intérêts en présence. Ainsi, le gouvernement fédéral n'a pas toujours les mêmes intérêts que les gouvernements provinciaux.

Certains gouvernements provinciaux peuvent avoir des intérêts communs avec le gouvernement fédéral mais pas nécessairement avec tous leurs homologues provinciaux. Il n'existe donc pas, à ce chapitre, de position canadienne unique, défendue par les différents gouvernements. Chez les Autochtones, il y a plusieurs regroupements politiques représentant chacun des peuples autochtones reconnus : les Indiens, les Inuits et les Métis. Ces trois catégories de peuples autochtones n'ont pas nécessairement d'intérêts communs autres que l'objectif plutôt vague de faire avancer la reconnaissance de leurs droits. Elles peuvent même représenter des intérêts ou exprimer des positions contradictoires. Les Inuits, par exemple, revendiquent des gouvernements publics dans lesquels même des non-Autochtones peuvent être représentés, ce à quoi s'opposent la majorité des Indiens. Chacune de ces trois catégories de peuples est, en outre, composée de regroupements dont les intérêts peuvent être contradictoires, par exemple les Indiens dont les droits ancestraux ont été éteints par des traités par opposition à ceux dont les droits ancestraux n'ont pas été éteints à ce jour.

De la même manière, mais à une échelle plus réduite, la politique fédérale de négociation des revendications territoriales met en présence plusieurs acteurs et une panoplie d'intérêts. Cette politique commande un processus de négociations tripartites quand les revendications territoriales portent sur le territoire d'une province. S'y retrouvent le gouvernement fédéral, le gouvernement provincial et les Autochtones. Il n'y a pas plus ici qu'à la table constitutionnelle de représentation unique de l'État canadien. Chaque niveau de gouvernement est une partie séparée à la table de négociations tripartites. Les exigences de la politique fédérale dans le cadre de cette politique imposent aux Autochtones de se regrouper. La partie autochtone constitue donc un regroupement de toutes les bandes d'une même nation ou de certaines d'entre elles, ou bien un regroupement de bandes appartenant à des nations différentes. La position des Autochtones n'est donc pas uniforme à la table de négociations tripartites, pas plus que celle des gouvernements. L'expérience du dernier quart de siècle montre qu'à ces trois parties principales viennent s'ajouter des interlocuteurs voulant défendre leurs intérêts qui sont touchés par ces négociations. Ce sont, d'une part, les utilisateurs publics ou privés qui sont détenteurs de permis d'exploitation et ou développement du territoire, identifiés comme les tiers dans la politique fédérale, et, d'autre part, les Autochtones qui ont des droits ou des intérêts concurrents sur le territoire qui fait l'objet de la négociation ; dans ce cas, la politique fédérale parle de chevauchements de revendications. Quoiqu'ils ne soient pas représentés à la table de négociations tripartites, ces groupes peuvent avoir une influence non négligeable sur ce processus. Les porte-parole des tiers dans la négociation des revendications territoriales des Indiens nisga'as en Colombie-Britannique ont fait valoir leur position avec force durant tout le processus de négociation, plus particulièrement de 1990 jusqu'à 1998, année de la conclusion de l'entente.

Il peut arriver que les différentes parties aient des intérêts communs. Par exemple, toutes les parties peuvent désirer que soient clarifiées la nature, la portée et les conditions d'exercice des droits ancestraux, y compris du titre aborigène, dont les Autochtones pourront bénéficier une fois l'entente conclue. De plus, les trois parties peuvent vouloir que cette clarification s'opère par le biais d'un processus négocié dans lequel chaque partie a une marge de manœuvre assez grande pour faire valoir ses intérêts et ses positions.

Par ailleurs, même s'il n'y a pas de position unique représentant les intérêts de l'État canadien dans ce processus, les deux parties gouvernementales, fédérale et provinciale, peuvent avoir des intérêts communs. D'abord, les deux paliers de gouvernement ont tout à fait intérêt à clarifier le titre de la Couronne sur le territoire canadien, en éliminant l'obstacle actuel d'un titre aborigène non défini et éventuellement encombrant. S'ils sont mieux précisés dans une entente, les droits ancestraux et le titre aborigène peuvent cesser d'être un obstacle potentiel à l'élaboration des programmes et des activités de développement, comme ils l'ont été jusqu'ici. Ensuite, la négociation peut contribuer à réduire les possibilités de recours aux tribunaux, qui constituent au mieux une perte de temps et d'argent, dans l'hypothèse où les gouvernements ont gain de cause, et qui peuvent, au pire, empêcher la réalisation d'une activité de développement ou d'exploitation du territoire, dans l'hypothèse où les gouvernements n'ont pas gain de cause. Enfin, les deux niveaux de gouvernement ont intérêt à ce que soient délimitées le plus précisément possible les conditions d'exercice des droits qui seront prévus dans un accord.

Il n'y a pas que les deux parties gouvernementales qui puissent partager certains intérêts. L'un ou l'autre des gouvernements peut avoir des intérêts communs avec les Autochtones. Il ne faut pas oublier que la politique fédérale sur la négociation de revendications territoriales a été adoptée par le gouvernement du Canada, en 1973, sans que les provinces aient été consultées alors qu'elle a des effets directs sur leurs intérêts. La Constitution canadienne attribue aux provinces le droit de propriété sur les terres à l'intérieur de leurs frontières. Or, la politique fédérale prévoit que seul le gouvernement fédéral juge du bien-fondé d'une revendication, qui doit mener, en fin de parcours, entre autres résultats à l'attribution de nouvelles terres aux Autochtones. C'est la raison principale pour laquelle le gouvernement fédéral impose aux Autochtones la présence des provinces dans un tel cas, parce que ces dernières doivent consentir à attribuer les nouvelles terres aux Autochtones. Ainsi, la négociation des droits ancestraux des Autochtones s'insère dans un contexte où il n'y a pas de consensus préalable entre les parties gouvernementales représentant l'État canadien. En conséquence, les Autochtones font face à deux parties gouvernementales qui peuvent avoir des positions opposées sur un certain nombre de sujets.

L'expérience de la négociation conduite avec les Indiens atikamekw et montagnais depuis vingt-deux ans montre que le gouvernement du Québec et les Indiens peuvent avoir des intérêts communs. Cette situation a été exacerbée par les relations difficiles entre les gouvernements québécois successifs et le gouvernement fédéral, ce qui n'a pas manqué de se faire sentir dans ces négociations. Par exemple, si le gouvernement du Québec entend réaliser un projet précis de grande envergure tandis que se déroule un processus de négociation tripartite, son intérêt peut rejoindre celui des Autochtones, et donc ajouter à la dynamique générale de la négociation tripartite.

La position adoptée par le Québec sur l'extinction des droits est un autre exemple d'intérêts communs. Le gouvernement du Québec a longtemps affirmé qu'il ne reprenait pas à son compte l'exigence fédérale sur l'extinction des droits comme condition d'une entente. La position québécoise a longtemps été considérée par le gouvernement fédéral comme une tentative du Québec pour rallier les Autochtones à ses positions.

Un gouvernement fédéral ou un gouvernement provincial peut également avoir des intérêts communs avec une ou quelques communautés membres du regroupement autochtone qui est partie à la négociation. Si, par exemple, une action gouvernementale est prévue dans la région occupée par une seule communauté, l'intérêt de ce gouvernement peut rejoindre celui de la communauté en question et avoir une influence décisive sur le déroulement de la négociation et sur la conclusion d'un accord. Ainsi, la négociation de la convention de la baie James et du Nord québécois a mené à l'éclatement de l'Association des Indiens du Québec, un regroupement de toutes les nations indiennes vivant au Québec, qui avait obtenu une injonction au nom des Cris pour empêcher la réalisation du projet de développement hydroélectrique de la baie James au début des années 70. L'exigence du gouvernement québécois selon laquelle il voulait négocier uniquement les revendications des Cris a amené ces deux parties à devenir des alliés et à écarter les autres nations indiennes du Québec de la négociation.

La négociation avec les Atikamekw et les Montagnais a fourni d'autres exemples de ce phénomène dans les années 80. La conclusion d'une entente entre Hydro-Québec et les Indiens atikamekw au sujet d'un projet hydroélectrique a entraîné l'éclatement du conseil qui représentait les deux nations jusque-là. De même, un accord intervenu subséquemment entre Hydro-Québec et la bande montagnaise de Mastuiash (Pointe-Bleue) a confirmé l'existence d'importantes forces centrifuges qui ont rendu impossible jusqu'ici le regroupement de toutes les communautés montagnaises à la même table de négociations après l'éclatement du conseil réunissant les Atikamekw et les Montagnais. Un autre projet de développement annoncé par Hydro-Québec fait actuellement l'objet de dissensions entre deux communautés montagnaises de la Côte-Nord qui, en théorie, sont partie à la même négociation territoriale. Ainsi, les diverses communautés autochtones n'ont pas toujours des intérêts convergents.

Sur un autre plan, le Canada peut avoir intérêt comme les Autochtones, mais pour d'autres raisons, à ce qu'un accord mette l'accent sur l'octroi de plus grands territoires plutôt que sur les compensations financières, dont il paiera la plus grande partie ; ainsi, cela accroîtra la contribution de la province à l'accord et réduira la sienne en conséquence. Cette hypothèse est susceptible de se présenter dans le cas où les revendications portent sur des parties encore peu développées du territoire québécois, comme la Basse-Côte-Nord du Saint-Laurent, où vivent des communautés innus-montagnaises. Le gouvernement du Québec peut dans certaines circonstances favoriser un règlement inverse. Dans le cas des Atikamekw qui occupent, dans le Nord-Ouest québécois, un territoire largement développé et exploité, l'accent est mis sur des compensations financières plus importantes, compte tenu de la plus petite superficie de terres disponibles.

D'ailleurs, pour le gouvernement du Québec, les concessions de territoires nouveaux sont proportionnelles à l'importance des indemnités et à l'ampleur des pouvoirs gouvernementaux qui seront consentis. Ces deux aspects très importants sont au cœur de ce type de négociation. Les termes des accords de revendications territoriales comportent en général des dispositions sur la superficie des terres sur lesquelles les Autochtones peuvent exercer des droits, dont des droits de propriété sur certaines parcelles, des droits d'usage sur d'autres parcelles, des droits de prélèvement de certaines ressources et des droits de recevoir des redevances sur l'exploitation des ressources. De plus, des indemnités sont habituellement prévues pour la cession des droits ancestraux et pour les dommages subis par les Autochtones du fait des développements réalisés sur les terres qu'ils occupaient traditionnellement. Les concessions sur les territoires, en raison de la superficie et des droits qui pourront y être exercés, constituent un élément stratégique dans ces négociations, encore plus important que la fixation des indemnités. Comme ce qui porte sur le territoire doit obtenir l'aval du gouvernement de la province, cette question représente une contrainte pour le gouvernement fédéral dans l'application de sa politique.

Parallèlement aux intérêts communs qui peuvent se révéler au cours de telles négociations, il est évident que chaque partie a ses propres intérêts à y faire valoir. Ces intérêts propres ne sont pas nécessairement divergents des intérêts des autres parties, qui peuvent y être indifférentes. Il n'en demeure pas moins qu'il faut s'attendre à ce qu'une porportion importante des intérêts respectifs de chacun heurte plus ou moins directement les intérêts des autres.

Le gouvernement fédéral, compte tenu de sa responsabilité constitutionnelle à l'égard des Autochtones, a des intérêts propres au moins à deux points de vue. Il doit veiller à limiter, pour l'avenir, l'étendue de son obligation de fiduciaire à l'égard des Autochtones. Étant donné que les Autochtones sont à la merci des décisions du gouvernement fédéral à cause de son autorité discrétionnaire à leur égard, il est désormais responsable de l'exercice de son autorité devant les tribunaux. Il doit donc tenter de limiter sa responsabilité générale relative aux Autochtones en réduisant l'exercice de son pouvoir discrétionnaire. Un accord concernant les revendications territoriales peut ainsi constituer pour lui une occasion de transférer des pouvoirs gouvernementaux aux Autochtones tout en prévoyant que son obligation de fiduciaire envers eux prendra fin ou sera réduite en conséquence dans des domaines précis.

De plus, il est dans l'intérêt du gouvernement fédéral de faire assumer une partie de ses obligations constitutionnelles par les provinces, notamment en ce qui touche les terres et le paiement partiel des indemnités. En fait, le gouvernement fédéral a une responsabilité exclusive face aux Indiens et aux Inuits, mais la politique qu'il a adoptée en 1973 a pour effet de faire porter une partie du règlement sur les provinces. Comme les droits sur le territoire constituent une partie déterminante de ces négociations, il n'y a pas de doute que les provinces assument une très grande proportion des coûts associés à ces accords.

Un gouvernement provincial engagé dans la négociation tripartite de revendications territoriales a également des intérêts qui lui sont propres. Il faut se rappeler que toutes les provinces ne sont pas susceptibles de participer à ce type de négociation parce que le titre aborigène qui est à l'origine de ces négociations a été éteint dans plusieurs provinces et territoires par les traités signés entre le milieu du XIXe siècle et le milieu du XXe siècle en Ontario, au Manitoba, en Saskatchewan, en Alberta et dans les Territoires du Nord-Ouest.

Les provinces qui sont appelées à participer à ce processus créé par le gouvernement fédéral n'ont pas nécessairement des intérêts similaires, compte tenu de leur position respective dans la Confédération canadienne, de leur situation économique et de leurs rapports avec le gouvernement fédéral. Chacune de ces provinces a donc des intérêts qui lui sont propres, par rapport aux intérêts des deux autres parties, à plusieurs points de vue. L'expérience montre que la Colombie-Britannique et le Québec n'ont pas nécessairement de positions communes sur cette politique.

Dans le cas du Québec, le gouvernement voit dans ces négociations une occasion d'accroître ses compétences face aux Autochtones. Elles lui ont permis d'assujettir les Indiens à ses compétences, ce qui a été une préoccupation constante de sa part depuis 1867. En fait, cet accroissement de l'autorité est vu comme un moyen de limiter l'exercice des compétences fédérales au Québec. La convention de la baie James et du Nord québécois, qui a mis en place un ensemble intégré de structures administratives provinciales, illustre bien ce fait.

De plus, en participant à ces négociations territoriales, le gouvernement du Québec tente d'éviter que le gouvernement fédéral et les Autochtones ne concluent une entente bipartite sur l'autonomie gouvernementale en son absence, sur le modèle de celle qui a été conclue au Manitoba en 1994. Cette entente précise trois domaines de projets prioritaires, dont un porte sur l'éducation, ce qui confirme que le gouvernement fédéral considère l'éducation des Indiens comme un domaine relevant de sa compétence exclusive sur les Indiens. Cette position est justement contestée par le gouvernement du Québec, selon qui l'éducation en général, qui est de compétence provinciale, doit inclure l'éducation des Indiens.

Dans cette optique, le gouvernement québécois estime important de court-circuiter des négociations éventuelles entre le gouvernement fédéral et les Autochtones sur des pouvoirs qu'il considère comme siens. Le Québec peut juger qu'il vaut mieux pour lui assumer des coûts dans le contexte de négociations tripartites portant sur des revendications territoriales, au cours desquelles il pourra établir clairement son autorité sur des institutions gouvernementales autochtones, que de se voir exclu d'une démarche bipartite qui créera des institutions gouvernementales autochtones échappant à son autorité.

La négociation d'une revendication territoriale permet également aux gouvernements provinciaux qui acceptent d'y participer de faire assumer au gouvernement fédéral la responsabilité politique de la reconnaissance des droits des Autochtones. Le gouvernement fédéral est dans une meilleure position que les gouvernements provinciaux de ce point de vue. Il n'a pas à supporter directement le poids de cette politique, puisqu'étant plus loin de la population, et cela le met plus facilement à l'abri des réactions de l'opinion publique quant à la gestion de la chose publique. Les intérêts divergents dans les différentes régions du Canada rendent d'ailleurs ardue la mobilisation de l'opinion publique contre une politique nationale fédérale, situation dont le gouvernement fédéral profite. Comme les revendications des Autochtones sont des questions hautement sensibles dans l'opinion publique, les gouvernements provinciaux peuvent, comme c'est le cas au Québec et en Colombie-Britannique, faire valoir devant leur population respective qu'ils sont engagés par la force des choses dans ce processus fédéral. Même s'ils ne réussissent pas nécessairement à convaincre leurs électeurs, comme la situation en Colombie-Britannique l'a révélé en 1998, ils peuvent au moins se justifier en déclarant qu'ils ne sont pas les premiers responsables de la confirmation de droits particuliers aux Autochtones.

Par ailleurs, la négociation d'une revendication territoriale peut servir à limiter les espoirs des autres groupes autochtones qui ont des revendications pendantes ou à venir. Depuis l'adoption de la politique fédérale en 1973, on a observé qu'un accord avec un groupe donné sert habituellement de modèle dans les négociations subséquentes. Le gouvernement fédéral tend à utiliser l'accord comme cadre de référence qu'il voudra adapter aux conditions spécifiques de la négociation suivante. Ce cadre devient alors une contrainte parce qu'on cherche à appliquer une seule formule à toutes les situations dans tout le pays. Pour les Autochtones, il est plutôt un nouveau seuil qu'il faut dépasser. En ce sens, la convention de la baie

James et du Nord québécois de 1975 a longtemps été pour les gouvernements le modèle à appliquer, et pour les Autochtones le modèle à dépasser dans les autres revendications.

Le même phénomène se produit actuellement avec l'accord final conclu en 1998 avec les Indiens nisga'as de la Colombie-Britannique, province où il y a des centaines de revendications semblables à celle des Nisga'as. Il est ironique de penser que le gouvernement de cette province s'est vu imposer le modèle de la convention de la Baie James et que le gouvernement du Québec risque maintenant de se voir imposer le modèle de la convention des Nisga'as. Un gouvernement provincial qui fait face à plusieurs revendications territoriales a donc tout intérêt à essayer de limiter les termes de ces accords pour éviter que chaque négociation ne constitue une escalade de ce qu'il considère comme des concessions. Les gouvernements provinciaux sont en effet très sensibles aux critiques de l'opinion publique vis-à-vis de toute espèce de reconnaissance de droits aux Autochtones. Par conséquent, ils ne tiennent pas à ce que ces négociations deviennent une occasion d'exacerber des sentiments négatifs de l'opinion publique envers les Autochtones, en reconnaissant des droits qui sont perçus par une grande majorité de la population comme des privilèges.

Les négociations de ce type au Québec et en Colombie-Britannique sont riches d'enseignements. Au Québec, le gouvernement a été discret sur le contenu et les termes des négociations menées avec les Autochtones, ce qui a contribué à accroître la frustration de la population. Il n'y a pas que les négociations des revendications territoriales qui posent problème au Québec. Les négociations concernant des ententes sectorielles menées par le gouvernement du Québec avec des nations particulières sont conduites tout aussi discrètement. Quand l'accord est révélé au public, il est souvent présenté comme le document qui réglera des problèmes existant de longue date. L'attente alors créée dans l'opinion publique ne fait que renforcer la frustration à la prochaine occasion, quand de nouveaux problèmes surgissent ou que d'anciens problèmes refont surface avec la même nation. Au contraire, le gouvernement de la Colombie-Britannique a convié les « tiers » touchés par ces négociations — entreprises d'exploitation des ressources halieutiques, fauniques, forestières et minières, associations de chasseurs et de pêcheurs, etc. — à exprimer leurs points de vue. Ils l'ont fait haut et fort, d'autant plus qu'ils s'opposaient aux revendications des Indiens nisga'as. Un gouvernement provincial, qui est plus exposé que le gouvernement fédéral à la grogne populaire, doit donc prendre les moyens de ne pas payer un prix trop élevé pour les « concessions » accordées dans le cadre de ce processus.

De toutes les parties, les Autochtones sont peut-être celle qui a le plus à gagner dans les négociations territoriales, compte tenu de sa situation actuelle et du peu de poids qu'elle a dans son rapport de force avec les gouvernements. La situation socioéconomique des Autochtones est tellement lamentable que les négociations représentent pour eux une occasion d'obtenir des investissements massifs pour y remédier. Un accord est alors vu comme le levier de leur développement futur. Ils ont donc tout intérêt à obtenir la reconnaissance la plus étendue de leurs droits. Ils doivent faire en sorte que celle-ci soit définie en des termes assez vagues pour qu'ils puissent éventuellement bénéficier de l'interprétation large et libérale que les tribunaux ont appliquée depuis quelques années. Depuis 1982, en effet, la Cour suprême du Canada interprète les droits des Autochtones « de façon large et libérale », les ambiguïtés et les doutes étant résolus en leur faveur. Il est impossible de dire pendant combien de temps la cour continuera d'adopter ce principe, mais on peut imaginer que cela sera le cas tant que la situation politique stagnera. Il est probable que la cour maintiendra cette attitude au moins jusqu'à ce que les droits reconnus en 1982 aient été concrétisés, ce qui ne peut se produire à court terme, compte tenu de la marginalisation des Autochtones.

Dans cette optique, plus les termes sont vagues et moins ils sont circonscrits, plus ils sont susceptibles de recevoir de la part des tribunaux, du moins en dernière instance, une interprétation favorable aux Autochtones. Cela ne veut cependant pas dire que tout litige concernant un accord moderne sur des revendications territoriales sera tranché en faveur des Autochtones.

Les Autochtones doivent tenter de conclure des accords « ouverts », c'est-à-dire qu'ils doivent éviter que leurs droits ne soient encadrés dans un accord définitif. Jusqu'ici, le gouvernement du Canada signe des ententes définitives, qui enlèvent aux signataires toute possibilité de recours subséquent fondé sur les mêmes motifs, comme la convention de la baie James et du Nord québécois (et l'entente accessoire, la convention du Nord-Est québécois). Les Indiens cris du Québec ont été vertement critiqués par les autres nations indiennes pour avoir signé la convention de la baie James à ces conditions en 1975. Les Indiens nisga'as de la Colombie-Britannique le sont pour les mêmes raisons depuis 1998. En plus de l'impossibilité d'un recours subséquent, une des difficultés majeures posées par un accord définitif est la pression énorme qui s'exerce sur les représentants des communautés autochtones pour qu'ils précisent l'avenir de leurs communautés une fois pour toutes, sans possibilité d'ajustements.

La résistance des Autochtones s'est accentuée depuis 1982 puisque, selon eux, la reconnaissance de leurs droits est incompatible avec la signature d'un accord définitif qui comporte l'extinction de leurs droits ancestraux. Ils ne veulent plus céder leurs droits, comme l'exige encore la politique fédérale, de même, ils ne veulent plus que ces droits soient éteints. Ils réclament que les nouveaux accords conclus puissent être réévalués selon l'évolution de leur situation et du contexte politique général au Canada. C'est la raison pour laquelle ils veulent s'assurer qu'ils pourront bénéficier de tout amendement constitutionnel éventuel qui leur reconnaîtrait de nouveaux droits. Par exemple, il n'y a pas eu de consensus sur la reconnaissance explicite, dans la Constitution, d'un droit inhérent des peuples autochtones à l'autonomie gouvernementale durant la série de conférences constitutionnelles qui se sont déroulées durant les années 80. Or, les ententes finales sur des revendications territoriales prévoient des mécanismes gouvernementaux autochtones créés sous l'autorité du gouvernement fédéral ou provincial. Ainsi, ces instances gouvernementales autochtones ne sont pas indépendantes, ce que les Autochtones acceptent parce qu'ils ne sont pas en mesure d'imposer autre chose dans le contexte politique et juridique actuel. Par contre, ils veulent désormais éviter d'être limités pour toujours à ce type d'instances gouvernementales et tiennent à préserver la possibilité de les remplacer par des institutions indépendantes si un droit inhérent est explicitement reconnu dans la Constitution.

Par ailleurs, la négociation de leurs revendications territoriales permet aux Autochtones d'éviter les aléas de poursuites judiciaires qui pourraient limiter la reconnaissance théorique des droits qui leur ont été reconnus dans la Constitution en 1982. Depuis 1982, le recours aux tribunaux se pose dans une tout autre perspective. Les droits ancestraux, qui comprennent le titre aborigène, sont reconnus, du moins en théorie. Si les Autochtones peuvent démontrer que leurs droits ancestraux n'ont pas été éteints en 1982, ils doivent pouvoir les exercer. Le recours aux tribunaux permet alors de préciser la nature et la portée de ces droits, mais il peut également restreindre leur portée en les définissant, ce qui est le cas dans un grand nombre de décisions rendues par la Cour suprême du Canada depuis 1982. En donnant à ces droits un effet, les tribunaux leur permettent de s'exercer, mais en même temps ils en circonscrivent et donc en limitent l'exercice. La décision Delgamuuk illustre bien le fait qu'un jugement des tribunaux renvoie les parties à elles-mêmes : tôt ou tard, elles doivent se rencontrer, négocier des aménagements et faire des compromis, ce qui les ramène de toute manière à une table de négociations. La négociation dans le nouveau contexte constitutionnel présente un intérêt particulier pour les Autochtones, puisqu'ils n'ont plus, depuis 1982, à faire la preuve du fait que leurs droits sont reconnus. Le recours aux tribunaux sur ces questions ne constitue plus une voie aussi déterminante que dans la situation antérieure à 1982. D'ailleurs, les Autochtones disposent d'une marge de manœuvre plus grande dans la négociation que dans un recours judiciaire en ce qui concerne la délimitation des principes qu'ils veulent voir reconnaître et les sujets qui doivent, selon eux, être inclus dans une entente. Ils contrôlent mieux le processus de négociation lui-même, alors que dans le processus judiciaire ils sont soumis aux avocats et évidemment aux juges, et que les débats sont limités aux questions juridiques.

Les développements survenus durant les deux dernières décennies sur le plan international ont conduit à l'élaboration de textes reconnaissant des droits collectifs aux peuples autochtones, dans des termes qui vont plus loin que ce que les États consentent à reconnaître dans leur droit interne. Il ne faut pas être surpris que les Autochtones veuillent se référer directement à ces textes internationaux. Par exemple, en matière de droit à des institutions politiques et gouvernementales autonomes, les textes internationaux prévoient des instances gouvernementales dont l'autonomie est beaucoup plus étendue que celle que les gouvernements sont prêts à concéder dans des accords portant sur des revendications territoriales au Canada.

Enfin, un autre facteur influence le cours des négociations de ce type. On a tendance à considérer la partie autochtone comme un tout homogène et indifférencié. Le processus de négociation des revendications territoriales n'échappe pas à cette règle. La politique fédérale force les Autochtones à se regrouper pour pouvoir avoir accès à ce type de négociations. Les regroupements ainsi créés n'offrent donc pas de garantie de stabilité et leurs porte-parole n'ont pas nécessairement une autorité réelle pour négocier, et surtout pour conclure une entente, au nom de ceux qu'ils représentent. Cette attitude a pour effet de masquer le fait que les intérêts de la partie autochtone ne sont pas homogènes. Chaque communauté membre d'un regroupement a des intérêts qui lui sont propres et qui peuvent même s'opposer aux intérêts du regroupement ou à ceux d'une autre communauté.

Les gouvernements qui ont participé à ces négociations, depuis 1973, ont appris que cette question constitue un problème constant. Il faut se garder de tenir pour acquis que des communautés membres de la même nation autochtone et regroupées dans un conseil tribal, par exemple, ont plus d'intérêts communs que d'intérêts divergents. Le problème est tout aussi crucial quand une partie autochtone représente des nations différentes.

Chaque communauté a donc des intérêts particuliers à faire valoir dans la négociation de revendications territoriales. Comme l'autorité politique et légale est située dans la communauté de base (la bande indienne ou la communauté d'un village inuit), chaque communauté doit pouvoir y trouver son compte, tant dans la forme de participation que dans le contenu des discussions, sinon la possibilité d'une entente finale est réduite. Le sentiment d'appartenance à la communauté locale semble souvent plus fort que le sentiment d'appartenance à une nation, ce qui a longtemps été négligé dans les négociations de revendications territoriales. L'ampleur de ce phénomène est telle que le gouvernement fédéral en est venu à modifier ses exigences à cet égard, face à l'échec total qu'il connaissait dans plusieurs cas. L'exemple des Indiens dénés des Territoires du Nord-Ouest et des Indiens innus-montagnais du Québec est typique de ce point de vue. Dans la négociation des revendications de ces deux nations, que ce soit en partie à cause de la volonté des communautés locales d'imposer leurs points de vue respectifs ou en partie à cause de leur refus de se voir imposer des institutions « nationales » communes, le gouvernement fédéral a fini par modifier leur mode de représentation et de participation.

En plus des intérêts en présence, un élément joue un rôle prépondérant dans les négociations entre les gouvernements et les Autochtones : la certitude recherchée par toutes les parties dans un accord. Cet élément s'avère très important dans les négociations portant sur les revendications territoriales. Les positions respectives des parties se heurtent désormais à la difficulté de concilier la reconnaissance de nouveaux droits constitutionnels aux Autochtones depuis 1982 et la volonté des gouvernements de conclure des accords qui empêcheront des recours ultérieurs de la part des Autochtones. Le concept de certitude n'est pas aisé à cerner dans le contexte de la négociation des revendications territoriales, compte tenu de la multiplicité et de la divergence des intérêts en présence. La formulation en des termes explicites de ce concept, dont la nature et la portée ne sont pas nécessairement les mêmes pour toutes les parties, constitue donc un problème de taille. La certitude recherchée par chacune des parties est d'ailleurs une des principales raisons pour lesquelles il devient si important de préciser les intérêts en présence. Du moins risque-t-on de perdre moins de temps et d'énergie à tenter de trouver des formulations satisfaisantes si on a établi, dès le début, les intérêts et les objectifs de chaque participant à la négociation.

La détermination des intérêts et des objectifs devrait permettre d'aborder la négociation avec les Autochtones dans un nouvel esprit. Ce nouvel esprit est au cœur de la nouvelle perspective qui doit présider désormais aux relations avec les Autochtones. Outre les raisons inhérentes à l'évolution de la situation au Canada, les répercussions grandissantes de ce qui se passe dans les autres États et sur la scène internationale accentuent la nécessité de trouver des solutions nouvelles aux questions autochtones au Canada.

L'influence des préoccupations internationales.

La marginalisation des autochtones et le constat d'échec du système actuel sont suffisamment clairs pour militer en faveur d'un changement profond des mentalités, des attitudes et des moyens. Les actions que nous avons décrites jusqu'ici, visant à lancer un mouvement de changement, découlent essentiellement de facteurs internes à la société canadienne dans son ensemble. Il est toutefois un dernier facteur, externe celui-là, qui demande considération, d'autant plus qu'il est susceptible d'avoir de plus en plus d'influence sur la situation interne du Canada.

L'évolution des questions autochtones sur la scène internationale et la mondialisation rendent nécessaires un changement de stratégie au Canada. L'opinion publique internationale et les instances internationales ont de plus en plus d'influence à l'intérieur des États; il s'agit d'un phénomène nouveau qui continuera probablement de s'amplifier. Le temps où les États pouvaient considérer les questions relatives à la protection des droits fondamentaux comme des questions exclusivement de régie interne, à l'abri de toute intervention extérieure, est révolu. Le sort des minorités, autochtones ou non, au sein des États est devenu un objet de préoccupation internationale. Que ce soit les instances internationales, les organisations humanitaires publiques ou privées ou les médias, toute situation de disparité importante est susceptible d'attirer l'attention de l'opinion publique internationale, d'une vedette mondiale de l'heure ou d'une organisation humanitaire internationale. Aucun État ne peut désormais échapper à ce mouvement. Cette nouvelle réalité heurte la population canadienne d'autant plus que l'image traditionnelle du Canada et du Québec, plus que celle de toute autre province canadienne, a été écorchée à l'occasion, depuis une vingtaine d'années, sur le plan international. Le Canada a longtemps bénéficié d'une bonne image de pays riche, perçu par certains comme une contrée peut-être un peu ennuyeuse mais où les habitants vivait en paix et qui n'a pas son pareil.

Dans la seconde moitié du XXᵉ siècle, la conscience internationale a évolué, de même que les débats entourant la décolonisation que les pays occidentaux avaient reconnue d'abord uniquement dans les anciennes colonies, c'est-à-dire chez les peuples situés dans des territoires à l'extérieur des pays colonisateurs. De plus en plus de voix se sont exprimées en faveur de la reconnaissance de droits politiques et sociaux pour les peuples minoritaires vivant à l'intérieur des États. D'autres voix, représentant surtout des groupes nationaux autochtones, ont commencé à revendiquer pour les Autochtones le statut de peuples minoritaires, avec le droit à l'autodétermination. Ils entendent faire reconnaître leur droit de se gouverner avec des institutions et des règles qui leur soient propres, et certains d'entre eux veulent également que leur soit reconnu le droit de sécession par rapport à l'État dans lequel ils vivent. Ces représentations de plus en plus fréquentes et soutenues des Autochtones sur toutes les tribunes internationales qui s'offrent à eux et la plus grande médiatisation de leurs préoccupations sur le plan international ont contribué à créer un nouvel état de fait qui ne laisse plus indifférents des États comme le Canada.

Les travaux entrepris dans les années 80 au sein de l'ONU témoignent de l'intérêt plus grand que les questions autochtones suscitent sur le plan international. Un groupe de travail sur les populations autochtones a été créé en 1982 par la sous-commission sur la prévention de la discrimination et la protection des minorités, dont le mandat comportait l'étude de l'importance des droits des Autochtones et la formulation de recommandations pour assurer une meilleure protection de ces droits. Après plus de dix ans de travaux de recherche et de consultations avec des États et des groupes d'Autochtones, en 1993, le groupe de travail a élaboré un projet de Déclaration des droits des peuples autochtones et recommandé son adoption[1].

---

1. Le texte du « Projet de Déclaration des droits des peuples autochtones » est reproduit dans *Recherches amérindiennes au Québec*, vol. XXIV, nº 4, 1994, p. 78.

Comme son nom l'indique, le mandat du groupe de travail portait sur les « populations autochtones », terme utilisé jusque-là dans les instruments de droit international pour décrire les Autochtones. On ne leur reconnaissait pas le statut de peuples, puisqu'ils étaient considérés comme des communautés dont les membres devaient s'intégrer, par le biais de l'assimilation individuelle, à la société plus large de l'État dans lequel ils vivaient. Il est frappant de constater que le groupe de travail a évolué pendant ses travaux et que le projet final qu'il a recommandé a opéré un glissement terminologique, passant de l'expression « populations autochtones » à celle de « peuples autochtones ». Ce changement de termes traduit une évolution majeure dans la conception des droits des Autochtones. Le groupe de travail a voulu se démarquer de la conception qui avait cours jusque-là dans divers forums internationaux.

Le préambule du projet de déclaration est d'ailleurs explicite à ce sujet. Le groupe de travail recommande l'adoption d'un texte affirmant qu'il faut non seulement éliminer la discrimination à laquelle les Autochtones font face dans plusieurs États, mais aussi cesser de vouloir les assimiler et prendre les moyens pour assurer leur survie collective au sein des États. Considérant que la diversité des peuples contribue à la richesse du patrimoine commun de l'humanité, il recommande également la condamnation, dans le préambule, des doctrines et des politiques qui prônent la supériorité de peuples sur d'autres peuples. Il souhaite de plus que le préambule précise que les traités et les autres ententes entre les États et les Autochtones sont un « sujet légitime de préoccupation et de responsabilité internationales ». Il veut également que soit reconnu le droit des peuples autochtones de déterminer librement leurs rapports avec l'État « dans un esprit de coexistence, d'intérêt mutuel et de plein respect ». Tout le projet de déclaration recommandé par le groupe de travail est fondé sur l'affirmation du principe selon lequel les Autochtones ont le droit collectif d'exister librement dans la paix et la sécurité en tant que peuples distincts au sein d'un État. On propose ici une conception radicalement différente de celle qui prévalait jusqu'alors.

Le groupe de travail n'a pas manqué de s'intéresser à d'autres travaux qui se sont également déroulés, durant les années 80, dans une autre instance internationale, l'Organisation internationale du travail (OIT). La révision d'une convention internationale de l'OIT, adoptée en 1957, qui portait sur les droits des populations aborigènes et tribales dans les milieux de travail a été l'occasion de nombreux débats entre les États sur le statut des Autochtones du point de vue du droit international. Le texte final de la convention, révisé en 1989, reprend dans son préambule des considérations semblables à celles qui ont été énoncées par le groupe de travail de l'ONU dans son projet de déclaration. Le préambule de la nouvelle convention de 1989 de l'OIT considère que l'évolution de la situation des Autochtones, depuis le milieu du xxᵉ siècle, requiert l'adoption de nouvelles normes internationales pour supprimer les normes antérieures qui visaient à leur assimilation. C'est donc de propos délibéré que la nouvelle convention de 1989 concerne les peuples indigènes et tribaux, et non plus les populations. Le même glissement, observé dans le groupe de travail de l'ONU, s'est opéré ici, puisqu'on dit prendre acte de l'aspiration des peuples autochtones à contrôler leurs institutions et leurs modes de vie, et à développer leur identité au sein des États dans lesquels ils vivent.

Le texte se réfère également au fait que, dans plusieurs pays du monde, les Autochtones ne peuvent pas jouir des droits fondamentaux au même degré que le reste de la population de ces États, et que leurs lois, leurs coutumes et leurs valeurs « ont souvent subi une érosion[2] ». C'est pourquoi le texte de la convention prévoit que des mesures concrètes doivent être prises pour assurer aux Autochtones la réalisation de leurs droits économiques et sociaux dans le respect de leurs coutumes, traditions et institutions. De plus, des mesures d'aide pour éliminer les écarts socioéconomiques entre eux et le reste de la population doivent leur être destinées « d'une manière compatible avec leurs aspirations et leur mode de vie ».

Autant le projet de Déclaration des droits des peuples autochtones, recommandé par le groupe de travail sur les populations autochtones, que la Convention nº 169 sur les droits des peuples indigènes et tribaux de l'OIT offrent une perspective nouvelle qui vise à reconnaître, à protéger et à respecter l'intégrité des collecti-

---

2. *Ibid.*, p. 71.

vités autochtones. Le Canada n'a pas ratifié la convention de l'OIT révisée en 1989 parce qu'il existe des écarts importants entre le régime canadien actuel et les dispositions de la version révisée de la convention de l'OIT et que la ratification obligerait le Canada à modifier de façon radicale ses lois et ses pratiques pour les rendre conformes à cette convention[3]. De même, le projet de Déclaration des droits des peuples autochtones est toujours l'objet de discussions dans les instances de l'ONU.

Quoique aucun de ces textes ne reconnaisse le droit de ces peuples à faire sécession par rapport à l'État auquel ils sont assujettis, ils proposent que leur soit attribué un statut inédit de peuples distincts avec des prérogatives particulières, qui garantissent leur survie et leur développement collectif. Tous ces travaux dans les instances internationales traduisent bien la préoccupation internationale grandissante quant au sort réservé aux Autochtones par les États. Ces questions ne peuvent plus être considérées comme relevant uniquement des États.

Même si ces textes ne s'appliquent pas au Canada, il n'en demeure pas moins qu'ils constituent dorénavant une référence obligée pour la plupart des peuples autochtones au Canada. Depuis une vingtaine d'années, plusieurs groupes autochtones canadiens font valoir très activement leur point de vue dans ces différentes instances internationales. En ce sens, l'évolution des discussions internationales a une influence directe sur ce qui se passe au Canada, du moins sur les positions adoptées par les porte-parole des Autochtones.

Cette influence est telle qu'on n'a pas manqué de faire un parallèle entre la reconnaissance de l'existence de peuples autochtones dans la Constitution canadienne en 1982 et l'évolution des mentalités sur ces questions sur le plan international dans la même décennie. C'est dire l'attente qu'on a ainsi créée au Canada. Autrement dit, les Autochtones du Canada estiment que leur statut de peuples, désormais reconnu au Canada, devrait entraîner l'adoption de mesures analogues à celles que préconisent les deux textes internationaux mentionnés précédemment. Ils n'acceptent donc pas faci-

---

3. J'ai traité de cette question dans mon ouvrage *Tribus, Peuples et Nations*.

lement d'avoir basculé dans un néant politique, où la reconnaissance théorique de leurs droits en 1982 ne s'est pas prolongée dans des mesures concrètes.

Les nouvelles normes internationales ont placé la barre très haut pour le Canada, même si elles ne peuvent s'appliquer d'office à l'intérieur du pays. Il ne faut donc pas être surpris que les Autochtones réclament que le Canada soit conséquent et modifie ses lois, puisqu'il a participé aux travaux d'élaboration de ces nouvelles normes internationales, même s'il ne les approuve pas toutes. Par exemple, la convention de l'OIT prévoit l'obligation de tenir compte du droit coutumier des Autochtones dans l'application des lois canadiennes. Or, les lois canadiennes ne comportent pas une telle obligation. Il y a donc divergence entre les obligations du gouvernement en vertu du droit canadien et du droit international. C'est un des écarts entre les deux textes qui peut expliquer pourquoi le Canada n'a pas ratifié cette convention. S'ensuit alors une confusion et une ambiguïté sur la portée du terme « peuples autochtones » employé au Canada.

C'est également dans le contexte de l'influence des débats et des textes internationaux qu'on doit analyser la reconnaissance de l'existence de nations autochtones au Québec par l'Assemblée nationale du Québec, en 1985. Celle-ci a adopté une résolution demandant au gouvernement de conclure des ententes avec les nations autochtones du Québec, précisant les conditions dans lesquelles ces dernières pourraient exercer leur « droit à l'autonomie » et qui leur permettraient de se développer « en tant que nations distinctes ayant leur identité propre et exerçant leurs droits au sein du Québec ». Plusieurs ententes ont été signées avec diverses nations autochtones dans la foulée de cette motion de l'Assemblée nationale du Québec.

Cette motion a amené des changements dans les relations du gouvernement québécois avec les Autochtones vivant au Québec. Le changement le plus notable est certainement le langage utilisé dans les ententes ponctuelles conclues au fil des ans avec diverses nations autochtones. Les ententes les plus récentes illustrent clairement ce fait. Un formalisme s'est installé tant dans la forme que dans le contenu de ces ententes. On y utilise désormais des termes qui se rapprochent de ceux qu'on trouve dans les textes dont on discute dans les organisations internationales ; par exemple, on reconnaît aux Autochtones le statut de nations distinctes et leur droit à leurs institutions dans certains domaines. Quand les relations entre le gouvernement et les Autochtones sont placées sous le signe du « respect mutuel de leur identité nationale de même que de leur histoire et de leur occupation du territoire », on comprend qu'ils entendent situer ces relations dans un contexte plus global suivant les termes que les textes internationaux utilisent. Un plus grand formalisme se manifeste également dans la présentation publique de certaines ententes conclues avec les Autochtones. L'entente conclue avec les Mohawks en 1998 a été largement médiatisée par le ministre délégué aux Affaires autochtones du Québec, qui l'a dépeinte comme une confirmation de l'esprit nouveau insufflé par le gouvernement québécois dans ses relations avec les Autochtones.

L'évolution des mentalités aussi bien au Canada qu'au Québec ou sur le plan international et les changements de vocabulaire qui en ont découlé font ressortir l'importance d'utiliser les concepts les plus précis possible afin de ne pas ajouter à la confusion actuelle dans l'emploi de divers termes se rapportant aux droits des Autochtones. Cela s'applique non seulement à la législation, mais aussi à tous les textes d'ententes, de traités ou d'accords sur des revendications territoriales désormais signés par le gouvernement fédéral ou des gouvernements provinciaux avec les Autochtones. Le vocabulaire utilisé ne doit donc pas laisser croire que des appellations semblables renvoient à des types de droits différents ou que des termes différents renvoient à des droits de même nature. La clarté et la précision des termes employés dans la législation ou dans des ententes sont essentiels à cet égard. Par exemple, alors que les termes « titre indien » et « droits aboriginaux » étaient la norme avant 1982, les modifications constitutionnelles de 1982 ont introduit le terme « droits ancestraux » et les tribunaux ont retenu l'expression « titre aborigène ». La cohérence dans l'emploi de ces termes permet d'éviter de donner l'impression qu'on se réfère à des concepts juridiques différents.

De la même manière, la définition des titulaires des droits est cruciale. Il existe actuellement beaucoup de confusion et d'incertitude autour de la portée réelle du terme « peuples autochtones » utilisé dans la Constitution canadienne depuis 1982. Il en va de même pour l'expression « nations distinctes » citée dans la résolution de l'Assemblée nationale du Québec en 1985. Ce terme ne correspond pas nécessairement à la définition de concepts similaires mais définis autrement en droit international. Par exemple, la convention n° 169 adoptée en 1989 par l'OIT renvoie aux « peuples indigènes et tribaux » en parlant des Autochtones, mais cette expression n'englobe pas les mêmes catégories de peuples dans la définition qu'elle en donne, ce qui est aussi le cas pour le projet de Déclaration des droits des peuples autochtones de l'ONU.

La situation actuelle des peuples autochtones ne peut plus être vue uniquement comme une question interne au Canada. Elle est maintenant scrutée par des instances et des organisations internationales dont les travaux ont forcément un effet ici, ne serait-ce qu'en raison des espoirs nouveaux qu'elles suscitent chez les Autochtones. Il ne faut pas s'attendre à ce que cesse l'activité des Autochtones sur le plan international, bien au contraire. Ils ont appris à mesurer l'efficacité de certaines campagnes publiques internationales. Ce n'est pas un hasard si le chef de l'Assemblée des Premières Nations, qui représente les chefs indiens du Canada, est intervenu publiquement, durant la campagne électorale canadienne de l'automne 2000, dans le litige sur le bois d'œuvre opposant le Canada et les États-Unis dans le cadre du traité sur le libre-échange entre ces deux pays. Plusieurs ont noté que les questions autochtones ont été absentes des derniers débats électoraux.

Dans le même esprit, l'organisation d'un Sommet des peuples autochtones des Amériques dans la capitale canadienne, avant le Sommet des chefs d'État des Amériques, qui a eu lieu à Québec en avril 2001, montre bien la plus grande coordination des activités des Autochtones et leur détermination à se faire entendre sur la scène internationale. Les Autochtones n'hésiteront pas à porter sur la scène internationale les problèmes qu'ils n'arrivent pas à traiter au Canada. Le fossé entre les Autochtones et le reste de la population canadienne est de plus en plus mis au jour à l'extérieur de nos frontières. Il s'agit là d'un facteur non négligeable, s'ajoutant aux autres considérations qui interpellent notre société dans sa réflexion sur son avenir.

Liste des tableaux

Bibliographie

Accord politique entre la partie Nunavik, le gouvernement du Québec et le gouvernement du Canada pour l'examen d'une forme de gouvernement au Nunavik par l'institution d'une Commission du Nunavik, 1999.

Canada, Chambre des Communes, *L'Autonomie politique des Indiens du Canada*, rapport du Comité spécial de la Chambre des communes, Ottawa, 1ʳᵉ session de la 32ᵉ législature, 1980-1983.

Canada, Chambre des communes, Comité permanent des Affaires étrangères et du Commerce international, *Le Canada et l'Univers circumpolaire : relever les défis de la coopération à l'aube du XXIᵉ siècle*, Ottawa, avril 1997.

Canada, Ministère des Affaires indiennes et du Nord canadien, *Analyse des conditions socioéconomiques de 1991 et de 1996*, Ottawa, 2000.

Canada, Ministère des Affaires indiennes et du Nord canadien, *Accord de principe sur la revendication territoriale globale et l'autonomie gouvernementale entre la Première Nation Dogrib, le gouvernement des Territoires du Nord-Ouest et le gouvernement du Canada*, 7 janvier 2000.

Canada, Ministère des Affaires indiennes et du Nord canadien, *Accord définitif Nisga'a, Canada, Colombie-Britannique, Nation Nisga'a*, 27 avril 1999.

Canada, Ministère des Affaires indiennes et du Nord canadien, *Approche commun. Négociation entre le conseil tribal Mamuitun, le Québec et le Canada*, 19 janvier 2000.

Canada, Ministère des Affaires indiennes et du Nord canadien, *Dossier en souffrance. Une politique des revendications des Autochtones*, Ottawa, 1982.

Canada, Ministère des Affaires indiennes et du Nord canadien, *Entente concernant l'exercice de pouvoirs gouvernementaux par Kanesatake sur son assise territoriale provisoire*, 21 juin 2000.

Canada, Ministère des Affaires indiennes et du Nord canadien, *En toute justice. Une politique des revendications des Autochtones*, Ministère des Approvisionnements et Services, Ottawa, 1981.

Canada, Ministère des Affaires indiennes et du Nord canadien, *Entente de principe Sechelte*, Ottawa, 1999.

Canada, Ministère des Affaires indiennes et du Nord canadien, *Faits saillants des conditions des Autochtones, 1986 et 1991, Caractéristiques démographiques, sociales et économiques*, DQIR, automne 1995.

Canada, *La Politique indienne du gouvernement du Canada, 1969*, présentée à la 1re session du 28e Parlement par l'Honorable Jean Chrétien, ministre des Affaires indiennes et du Nord canadien, Ottawa, 1969.

Canada, Ministère des Affaires indiennes et du Nord canadien, Direction de la recherche et de l'analyse, *Conséquences possibles de l'évolution des Premières Nations*, rapport final, Four Directions Group, 5 août 1997.

Canada, Ministère des Affaires indiennes et du Nord canadien, *Politique sur les revendications territoriales globales et état des revendications*, Ottawa, 19 juillet 2000.

Canada, Ministère des Affaires indiennes et du Nord canadien, *Rassembler nos forces. Le plan d'action du Canada pour les questions autochtones,* Ministère des Travaux public et Services gouvernementaux, Ottawa, 1997.

Canada, Ministère de la Justice, *La Promotion de l'égalité. Une nouvelle vision*, rapport du comité de révision de la Loi canadienne sur les droits de la personne, Ottawa, juin 2000.

Canada, *Réponse du gouvernement du Canada au Rapport du Comité permanent des Affaires étrangères et du Commerce international : « Le Canada et l'Univers circumpolaire : relever les défis de la coopération à l'aube du XXIe siècle »*, Ottawa, 1998.

Canada, Commission canadienne sur les droits de la personne, D. M. McRae, *Rapport sur les plaintes des Innu du Labrador à la Commission canadienne des droits de la personne,* Ottawa, 18 août 1993.

Canada, Commission canadienne sur les droits de la personne, D. Soberman, *Rapport présenté à la Commission des droits de la personne sur les plaintes déposées par des Inuits déplacés d'Inukjuak et d'Inlet Pond à Fiord Grise et à baie Resolute en 1953 et 1955,* Ottawa, 11 décembre 1991.

Canada, Commission royale sur les peuples autochtones, *Choisir la vie. Un rapport spécial sur le suicide chez les Autochtones*, Ministère des Approvisionnements et Services, Ottawa, 1995.

Canada, Commission royale sur les peuples autochtones, *La Réinstallation dans l'Extrême Arctique. Un rapport sur la réinstallation de 1953-1955*, Ministère des Approvisionnements et Services, Ottawa, 1995.

Canada, Commission royale sur les peuples autochtones (rapport), *Un passé un avenir*, vol. 1, Ministère des Approvisionnements et Services, Ottawa, 1996.

Canada, Commission royale sur les peuples autochtones (rapport), *Une relation à redéfinir*, vol. 2, 1re partie, Ministère des Approvisionnements et Services, Ottawa, 1996.

Canada, Commission royale sur les peuples autochtones (rapport), *Une relation à redéfinir*, vol. 2, 2e partie, Ministère des Approvisionnements et Services, Ottawa, 1996.

Canada, Commission royale sur les peuples autochtones (rapport), *Vers un ressourcement*, vol. 3, Ministère des Approvisionnements et Services, Ottawa, 1996.

Canada, Commission royale sur les peuples autochtones (rapport), *Perspectives et réalités*, vol. 4, Ministère des Approvisionnements et Services, Ottawa, 1996.

Canada, Commission royale sur les peuples autochtones (rapport), *Vingt ans d'action soutenue pour le renouveau*, vol. 5, Ministère des Approvisionnements et Services, Ottawa, 1996.

Canada, Commission royale sur les peuples autochtones, *Le Droit à l'autonomie gouvernementale des Autochtones et la Constitution. Commentaire*, Ottawa, 13 février 1992.

Canada, Commission royale sur les peuples autochtones, *Partenaires au sein de la Confédération. Les peuples autochtones, l'autonomie gouvernementale et la Constitution*, Ottawa, 1993.

Canada, Commission royale sur la réforme électorale et le financement des partis, *Vers l'égalité électorale*, Comité sur la réforme électorale autochtone, 1991.

Canada, Comité de révision de la Loi canadienne sur les droits de la personne, *La promotion de l'égalité. Une nouvelle vision*, Ottawa, 2000.

Canada, *Saskatchewan Treaty Land Entitlement Framework Agreement among Her Majesty the Queen in right of Canada and Throne Entitlement Bands and Her Majesty the Queen in right of Saskatchewan*, 22 September 1992.

Cumming, P. A., et N. H. Mickenberg (dir.), *Native Rights in Canada*, 2e éd., Toronto, Indian-Eskimo Association / General Publishing Co. Ltd., 1972.

Dupuis, R., *La Question indienne au Canada*, Montréal, Boréal, 1991 (éd. rév. 1998).

Dupuis, R., *Tribus, Peuples et Nations*, Montréal, Boréal, 1997.

Dupuis, R., *Le Statut juridique des peuples autochtones en droit canadien*, Toronto, Carswell, 1999.

Enjeux arctiques pour la politique étrangère canadienne, rapport du forum 1998 de Québec sur les relations internationales du Canada, GETIC, Université Laval, juillet 1998.

Nations unies, Committee on Economic, Social and Cultural Rights, *Concluding Observations of Reports Submitted by Canada to the Committee on Economic, Social and Cultural Rights*, 4 décembre 1998, Economic and Social Council Official Records, supplément n° 2, 1999.

Nations unies, *Projet de Déclaration des droits des peuples autochtones. Rapport sur les travaux de la onzième session du Groupe de travail des populations autochtones*, Doc. E/CN. 4/Sub.2/1993/29, 23 août 1993, annexe 1, p. 56-57.

Organisation internationale du travail, « Convention relative aux peuples indigènes et tribaux 1989 », *Recherches amérindiennes au Québec*, vol. XXIV, n° 4, 1994, p. 71.

Québec, Secrétariat aux Affaires autochtones, *Entente-cadre entre le Québec et les Mohawks de Kahnawake*, précédée d'une *Déclaration de compréhension et de respect mutuel*, Québec, 15 octobre 1998.

Québec, Secrétariat aux Affaires autochtones, *Partenariat, développement, actions. Orientations du gouvernement du Québec*, Québec, 1998.

Québec, Secrétariat aux Affaires autochtones, *Les Fondements de la politique du gouvernement du Québec en matière autochtone*, Québec, 1988.

Sioui, G., *Pour une autohistoire amérindienne. Essai sur les fondements d'une morale sociale*, Sainte-Foy, Presses de l'Université Laval, 1989.

University of Lapland, *University of the Arctic : An integrated Plan for the Implementation of Bachelor of Circumpolar Studies, Arctic Learning Environment, and the Circumpolar Mobility Program,* University of the Arctic Circumpolar Coordination Office, University of Lapland, Arctic Center, Rovaniemi, Finland, 2000.

University of Lapland, *A University of the Arctic : Turning Concept into Reality. A report submitted at the meeting of senior Arctic officials under the Arctic Council in Ottawa,* 7-9 octobre 1997, University of Lapland, International Relations, Rovaniemi, Finland, 1997.

Table des matières

ACHEVÉ D'IMPRIMER EN MAI 2001
SUR LES PRESSES DE L'IMPRIMERIE AGMV MARQUIS
À CAP-SAINT-IGNACE (QUÉBEC).